● 福建省社会科学研究基地厦门理工学院文化产业研究中心资助
● 福建省社会科学研究基地重大项目"全域旅游目的地城市主客共享的
耦合研究——以厦门为例"（FJ2019JDZ049）终期成果

全域旅游目的地城市主客共享的耦合研究

——以厦门为例

卢雪英　屈云茜　著

中国纺织出版社有限公司

图书在版编目（CIP）数据

全域旅游目的地城市主客共享的耦合研究 ：以厦门为例 / 卢雪英，屈云茜著 . —— 北京：中国纺织出版社有限公司，2023.7

ISBN 978-7-5229-0289-0

Ⅰ . ①全… Ⅱ . ①卢… ②屈… Ⅲ . ①旅游城市—城市建设—研究—厦门 Ⅳ . ① F592.757.3

中国国家版本馆 CIP 数据核字（2023）第 018223 号

责任编辑：华长印 李淑敏 责任校对：高 涵
责任印制：王艳丽

中国纺织出版社有限公司出版发行
地址：北京市朝阳区百子湾东里 A407 号楼 邮政编码：100124
销售电话：010—67004422 传真：010—87155801
http://www.c-textilep.com
中国纺织出版社天猫旗舰店
官方微博 http://weibo.com/2119887771
北京华联印刷有限公司印刷 各地新华书店经销
2023 年 7 月第 1 版第 1 次印刷
开本：710×1000 1/16 印张：14.75
字数：200 千字 定价：98.00 元

凡购本书，如有缺页、倒页、脱页，由本社图书营销中心调换

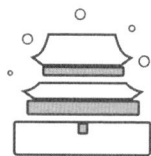

前 言
PREFACE

全域旅游和主客共享是近年来旅游学研究的热点问题之一。"全域旅游"是一种具有创新性的发展理念和管理模式，国内学者对全域旅游展开了大量研究，但鲜少对全域旅游目的地城市"主客共享"发展的状况以及协调程度进行系统的定量研究。随着大众旅游时代的到来和当前形势的影响，旅游目的地城市面临全域旅游化、城市景区化的发展机遇，旅游要素分类的边界逐渐模糊，尤其是服务于居民休闲需要和游客旅游需要的要素类别因为主客共享逐渐融合，"主客共享"成为旅游目的地城市发展全域旅游的必然选择。如何提高城市功能，让游客共享城市资源；如何增强旅游功能，实现更大范围的旅游成果共享，让"主客共享"驱动的全域旅游模式成为旅游目的地发展的新趋势。

本书依托2019年福建省社会科学研究基地重大项目"全域旅游目的地城市主客共享的耦合研究——以厦门为例"（项目编号：FJ2019JDZ049），创新引入耦合评价模型及计算方法，对全域旅游目的地城市游客旅游需求、居民休闲需求和城市公共休闲空间要素进行解构，构建了全域旅游视角下旅游目的地城市主客共享的评价指标体系和耦合协调度模型。并以厦门为例分析主客休闲旅游需求和城市公共休闲空间供给之间的耦合协调状况，提出全域旅游目的地

"主客共享"的优化路径和创新机制。一方面，扩展了全域旅游发展理论的边界，弥补了全域旅游主客共享研究的缺失；另一方面，为全域旅游目的地城市主客共享建设提供了示范效应，也为旅游供给侧结构性改革提供了实践基础。

本书主要研究内容包括：分析全域旅游和主客共享的发展背景以及全域旅游目的地"主客共享"耦合发展的研究意义；综述全域旅游目的地和城市公共休闲空间的发展现状及研究基础；构建全域旅游目的地主客休闲旅游需求和城市公共休闲空间系统耦合协调的评价指标体系，运用耦合协调模型探索厦门居民和来厦游客的休闲旅游需求，以及城市公共休闲空间供给之间的耦合协调关系和结构特征；对城市公共休闲空间和场景内的主客互动方式、服务体系建构、城市功能拓展等进行案例研究及实例分析；总结分析厦门全域旅游"主客共享"耦合发展的优化路径与创新机制。

本书的创新之处如下：

1. 视角的创新

当前学界对旅游目的地的主客共享侧重于现象层面的应用研究，本书首次提出对全域旅游目的地城市主客共享的耦合关系进行理论研究。将城市主客休闲和旅游需求、城市公共休闲空间供给耦合协调关系作为一种客观存在的旅游经济现象，建立全域旅游目的地城市主客共享的耦合关系研究的框架和方式。

2. 路径的创新

将游客旅游需求、居民休闲需求和城市公共休闲空间供给纳入同一平台——全域旅游目的地主客共享研究平台中，通过分别探讨游客旅游需求和城市公共休闲空间系统、居民休闲需求和城市公共休闲空间系统之间的耦合关系，研究全域旅游目的地主客共享的供需平衡状况。这一研究路径弥补了现阶段这两个系统研究彼此分离的不足，在全域旅游目的地城市主客共享研究中取得了突破。

3. 理论的创新

在前人研究的基础上，本书创新性地引入耦合评价模型及计算方法，对全域旅游目的地城市游客旅游需求、居民休闲需求和城市公共休闲空间要素进行解构，构建全域旅游目的地城市主客共享的耦合指标体系。同时尝试提出适用于全域旅游目的地城市主客共享发展的优化路径和创新机制，从而丰富旅游供需均衡理论和全域旅游发展理论。

　　受时间和地点限制，本书仅以厦门市作为案例地进行研究，笔者将在今后研究中选取更多全域旅游目的地的典型城市进行研究，不断深化研究成果。

　　同时，随着本学科研究的不断发展，以及笔者研究能力的限制，书中难免有不足之处，恳请专家和读者指正。

卢雪英

2022年10月于厦门

目　录
CONTENTS

第一章

绪论

| 第一节 |

研究背景与意义

一、研究背景

2015 年 8 月，国家旅游局下发了《关于开展"国家全域旅游示范区"创建工作的通知》（旅发〔2015〕182 号），全域旅游已经成为一种旅游发展理念，对我国旅游业发展产生重大而深远的影响。2016 年《全域旅游的价值和途径》一文指出，"全域旅游是指在一定区域内，以旅游业为优势产业，通过对区域内经济社会资源尤其是旅游资源、相关产业、生态环境、公共服务、体制机制、政策法规、文明素质等进行全方位、系统化的优化提升，实现区域资源有机整合、产业融合发展、社会共建共享，以旅游业带动和促进经济社会协调发展的一种新的区域协调发展理念和模式"。在城市景区化和全域旅游化的背景下，旅游要素分类的边界逐渐模糊，尤其是服务于居民休闲需要和游客旅游需要的要素类别因为主客共享逐渐融合。如何提高城市功能，让游客共享城市资源；如何增强旅游功能，实现更大范围的旅游成果共享，让"主客共享"驱动的全域旅游模式成为目的地发展的新趋势。

随着大众旅游全面发展新阶段和小康旅游新时代的到来，旅游景区和市民休闲空间的边界日渐模糊，那些面向本地居民休闲的公园、游乐场、历史文化街区、购物休闲中心、公共文化设施和夜间消费积聚区，都成了吸引游客到访的非传统型景区。游客不断进入目的地居民生活休闲空间的同时，城乡居民也得益于交通基础设施和公共服务的完善而广泛进入传统的旅游空间。从城市公园、郊野公园、国家公园、国家文化公园到主题乐园、休闲街区和度假区，越来越多的国土空间、文化场馆和休闲场景开始构建起类型更为多样、谱系更加多元的泛旅游景区体系。

由于休闲旅游的需求发生了较大的变化，城乡居民更加重视短程旅游和本地休闲，出行距离缩短，休闲频次提升，消费场景多元化。休闲旅游供给也呈现分散式的空间特征，在地旅游休闲活动可以发生在社区花园、城市绿道，城市公园、郊野公园、国家公园等一切有风景的开阔开放空间，餐馆、酒吧、咖啡馆、购物中心、菜市场、酒店与民宿等商业环境，以及图书馆、文化馆、博物馆、美术馆、电影院、音乐厅和戏剧场等文化空间。碎片化的旅游休闲需求与分散式的供给相耦合，让传统的消费场景成为新的旅游景区，促进了旅游休闲新业态的概念创新，也使旅游产业的边界消失和重构。为适应新发展阶段的变化，旅游目的地建设要更加重视需求导向和主客共享理念，进一步开拓城市公共休闲空间，进一步发展城市公共休闲服务，进一步增强对休闲和旅游的供给，使当地居民与外来游客对城市环境、设施、服务和谐共享，建设主客共享的美好生活新空间。

一座理想的现代城市，应当既是当地居民理想的城市，又是外来客人理想的城市。优秀的"宜居城市"是当地居民和外来客人共同的"心仪对象"。公共休闲空间问题是一个颇受各方重视的人居要素。公共休闲空间是创造城市价值的主要因素之一。将城市公共空间的开拓、建设、优化纳入其中。厦门市一直以来在旅游休闲整体环境打造，旅游产品、设施和服务的改进，以及旅游政策和管理体系的完善上走在全国的前列。在《中国城市休闲和旅游竞争力报告（2022）》中，厦门与北京、上海、杭州、南京、广州、深圳、重庆、苏州、成都等城市一起脱颖而出，在中国城市休闲和旅游竞争力排名中获第9名[1]。

目前，关于主客共享的研究主要集中于从策划住客互动项目、利用客流时空管理和建议智慧平台等路径促进外来游客与城市居民的双重旅游体验（曲玉镜等，2014年；李庆雷等，2015年）[2][3]。然而，从旅游目的地的产业结构、功能构成和城市居民旅游休闲等方面展开的主客共享的研究仍处于起步阶段，且多数研究仍以"景区"的概念而非旅游城市目的地的范畴来辨析主客共享的内容和优化路径。从研究方法来看，目前关于"主客共享"研究以定性研究为主，鲜有对全域旅游目的地城市"主客共享"发展的状况以及协调程度进行系统的定量研究。因此，本书选择分析全域旅游目的地城市主客共享的耦合协调发展水平，尝试构建全域旅游目的地城市主客共享的耦合协调度评价模型和评价指标体系，并以厦门为例，分析厦门主客休闲和旅游需求与城市公共休闲空间供给之间的耦合协调状况，提出全域旅游目的地"主客共享"的优化路径和创新机制，以期为提升厦门城市休闲和旅游竞争力提供理论支持，也为其他城市提供示范效应。

二、研究意义

1.理论意义

（1）研究全域旅游背景下目的地城市的主客共享耦合机制，有利于扩展全域旅游理论的研究领域。本书通过对城市主客休闲旅游需求和城市公共休闲空间耦合协调的实证分析，探索全域旅游目的地城市"主客共享"的优化路径与创新机制，扩展了全域旅游发展理论的边界，弥补了全域旅游主客共享研究的缺失。

（2）本书为全域旅游的持续性研究提供了新的视角。本书首次提出对全域旅游目的地城市主客共享的耦合关系进行理论研究。创新引入耦合评价模型及计算方法，对全域旅游目的地城市游客旅游需求、居民休闲需求和城市公共休闲空间要素进行解构，构建全域旅游目的地城市主客共享的耦合指标体系。同时尝试提出全域旅游目的地城市主客共享发展的普适性优化路径和创新机制，从而丰富旅游供需均衡理论和全域旅游发展理论。

2.现实意义

（1）通过对城市主客休闲旅游需求和城市公共休闲空间供给关系的分析，

有利于全域旅游目的地城市更好地了解和把握大众旅游新时代和主客休闲旅游需求的新变化，为全域旅游目的地城市的发展提供新方向，也为旅游供给侧结构性改革提供了实践基础。

（2）根据耦合协调的理论研究，贯彻"创新、协调、绿色、开放、共享"的发展理念，对厦门全域旅游"主客共享"耦合发展的优化路径与创新机制进行探索和思考，为全域旅游目的地城市主客共享建设提供了示范效应，推动了全域旅游目的地城市的新发展。

| 第二节 |

研究内容与方法

一、研究内容

本书以厦门为例，通过构建全域旅游目的地城市主客共享的耦合协调度评价模型和评价指标体系，分析厦门主客休闲旅游需求和城市公共休闲空间供给之间的耦合协调状况，并提出全域旅游目的地主客共享的优化路径和创新机制。具体内容包括以下七章。

第一章为绪论，首先对全域旅游和主客共享的发展背景进行研究，在此基础上提出研究问题和研究目标。然后阐述本书的研究意义，确定研究的内容框架和研究思路。

第二章分析了全域旅游目的地的发展现状，重点介绍全域旅游的概念、内涵、核心理念，以及全域旅游目的地的概念、特征和发展，介绍了全域旅游的厦门模式。

第三章阐述了全域旅游目的地城市公共空间的发展演进，介绍了共享城市的概念和功能。通过分析城市休闲和旅游功能，确定城市公共休闲空间的概念和类型。同时分析了全域旅游目的地城市公共休闲空间的主客共享，为下一步的实证研究提供有力支持。

第四章为厦门城市公共休闲空间与主客共享的耦合研究。本章引入物理学中的耦合理论，从供需协调的视角出发，构建城市主客休闲旅游供需系统的评价指标体系，对城市主客休闲旅游供需系统进行深层次的解构，运用耦合协调模型探索厦门城市公共休闲空间的供给与游客和居民休闲需求的耦合协调关系及其结构特征，发现城市公共休闲空间主客共享的现状和发展演变规律。

第五章对厦门城市公共休闲空间主客共享的实践进行分析。本章在第四章研究的基础上，运用具体实例，对空间和场景内的主客互动方式、服务体系建构、城市功能拓展等进行分析研究，用以检验指标体系和评价模型。所选取的实例分别为厦门海湾公园、厦门山海健康步道、厦门城市公园、厦门夜间旅游服务、厦门自驾车旅游服务，基本涵盖了厦门代表性的主客共享空间和游憩场景。

第六章为厦门全域旅游"主客共享"耦合发展的优化路径与创新机制。本章结合第四章、第五章的实证分析，在确立全域旅游目的地城市主客共享耦合协调优化目标的基础上，对厦门全域旅游"主客共享"耦合发展的优化路径与创新机制进行分析和思考，提出全域旅游目的地主客休闲旅游需求与城市公共休闲空间耦合协调的3个优化路径和4个创新机制。

第七章为本书的研究结论。

二、研究方法

1.定性研究

定性研究是通过观察、访谈、分析等方式探索研究对象是否拥有某种特征或属性，并将它们之间的关系概念化。定性研究一般采用文献分析、访谈、文献回顾、观察、参与式调研等方法获得研究数据和资料，并对其进行数据分析和归纳。本书采用文献回顾和深度访谈等定性研究方法对旅游目的地城市休闲和旅游功能的要素进行解构，构建旅游目的地城市公共休闲空间的子系统和主客共享的耦合指标体系。

2.定量研究

定量研究依靠对事物可以量化的部分及其相互关系进行测量、计算和分析，达到对事物总体特征的把握。本书利用构建的耦合模型对厦门2011—2020年主客休闲旅游需求和城市公共休闲空间系统的耦合协调关系进行实证分析，并运用具体实例，对空间和场景内的主客互动方式、服务体系建构、城市功能拓展等进行分析研究。

| 第三节 |

研究思路与技术路线

一、研究思路

本书参考田里、张鹏杨（2016年）提出的TAE研究框架，根据课题内容构建了从理论研究（Theoretical Research）、实证研究（Empirical Research）到应用研究（Application Research）的研究框架[4]，遵循"背景研究—理论研究—实证研究—应用研究"的研究主线，注重定性和定量分析相结合，理论研究和实证研究相结合。

二、技术路线

本书研究的技术路线如图1-1所示。

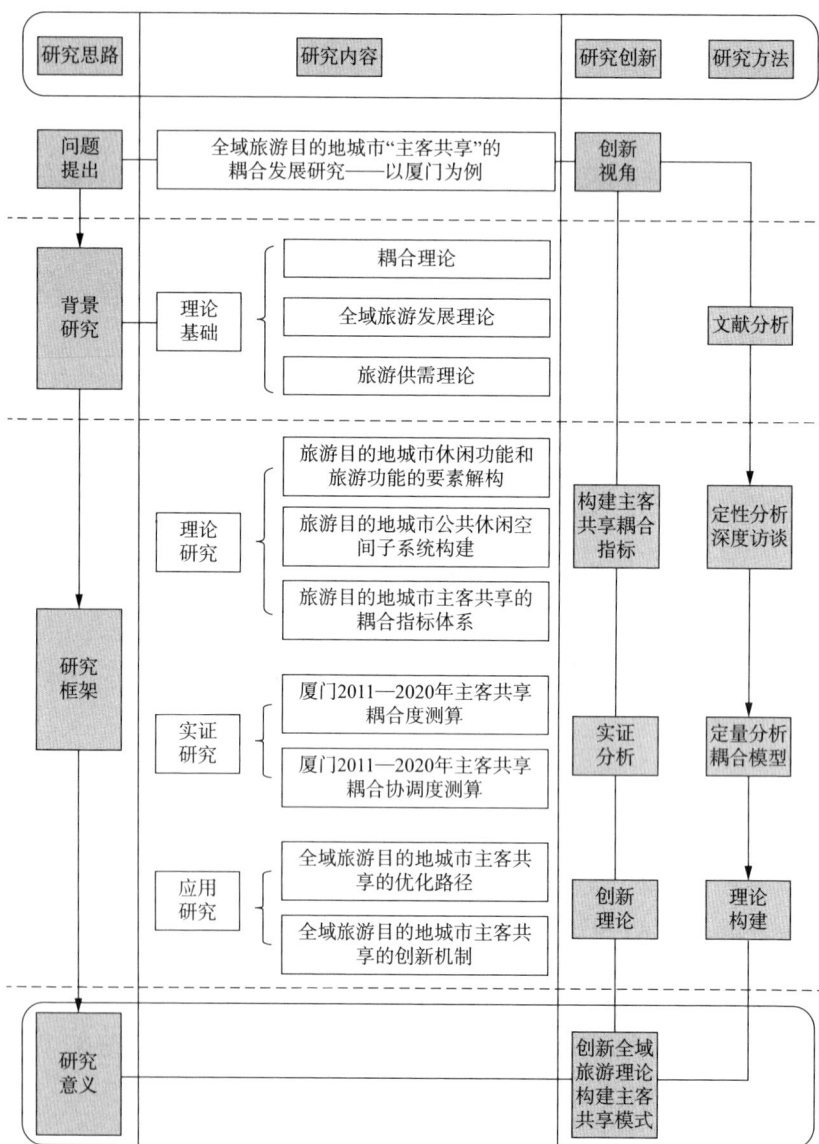

图1-1 技术路线

第二章

全域旅游目的地的
发展现状

| 第一节 |

全域旅游概述

一、"全域旅游"的提出

"全域旅游"是一种具有创新性的发展理念和管理模式，是推动旅游业改革创新的全新发展理念。

（一）旅游业发展的新要求

习近平总书记在党的十九大报告中强调，中国特色社会主义进入新时代，我国社会主要矛盾已经转化为人民日益增长的美好生活需要和不平衡不充分的发展之间的矛盾。改革开放以来，我国人民生活水平得到了极大提升，休假制度进一步完善，基础设施跨越式发展，旅游消费呈现出井喷式增长，旅游市场规模不断扩大，产业体系日渐完善，我国旅游产业进入高速发展阶段。但是，当前旅游产业供需矛盾依然突出，例如，目的地基础设施建设水平不能够满足旅游发展需要、旅游企业过度追求高票价与游客的心理预期不符、部分旅游产品的品质达不到游客的期望等。为了实现旅游产业的健康可持续发展，必须探索新的发展理念和发展模式。

（二）旅游产业转型的新理念

在大众休闲旅游的背景下，旅游目的地的发展取决于整个区域的综合环境，不再是由单一的旅行社、酒店或景区等传统旅游企业的服务质量决定[5]。需要整合其他产业，通过创新旅游业态，实现"旅游+"的融合发展路径。改变旅游企业主导的以景点为中心的发展模式，建立全域发展的新模式，打造目的地居民和游客共建共享的新空间。在此背景下，为了加快旅游业的发展转型，推动旅游业供给侧改革，文化和旅游部提出了"全域旅游"的发展理念。发展全域旅游是促进旅游业转型升级和可持续发展的有效路径，也是我国本土化旅游发展理念创新的有益探索。

（三）旅游目的地建设的新战略

"全域旅游"一词，最早出现在各地政府的旅游发展规划中，2008年浙江省绍兴市提出大力发展全城旅游的战略，为全域旅游的概念奠定了基础。在2009年江苏省苏州市制订的《昆山市旅游发展总体规划修编》中提出"全域旅游，全景昆山"的口号；2011年浙江省杭州市制订的《"十二五"旅游休闲业发展规划》中"旅游全域化"再次被提及，随后浙江省桐庐县和四川省甘孜州分别提出"全域旅游"的全新理念和概念；2012年，四川、山东、湖南省的一些地区相继提出将"全域旅游"作为重要发展战略。

2016年，国家旅游局提出将全域旅游作为新时期的旅游发展方向，并开启创建"国家全域旅游示范区"的工作（表2-1）；2017年，国务院政府工作报告中提出"大力发展全域旅游"；2018年，国务院发布了《国务院办公厅关于促进全域旅游发展的指导意见》，对"全域旅游"的概念进行进一步阐释，指出全域旅游是"将一定区域作为完整旅游目的地，以旅游业为优势产业，统一规划布局、优化公共服务、推进产业融合、加强综合管理、实施系统营销"；2019年，国务院政府工作报告提出"发展全域旅游，壮大旅游业"；2019年9月，首批71家国家全域旅游示范区通过验收；2020年12月，第二批97家国家全域旅游示范区通过验收。截至2020年，全国国家全域旅游示范区有168家。

"全域旅游"的提出，可以有效推动旅游业的转型升级，从而有力推动新型旅游目的地的建设。全域旅游模式既符合中国经济社会发展的现实需求，也有助于解决我国居民旅游供需严重不平衡的现实问题。

表2-1　全域旅游理念的提出及演进一览[6]

时间	事件	意义
2016 年 2 月	国家旅游局公布首批创建"国家全域旅游示范区"名单,海南省和北京市昌平区等 262 个市县成为首批国家全域旅游示范区创建单位	标志着全域旅游步入实质性的推进创建工作阶段
2016 年 5 月	国家旅游局在浙江桐庐召开全国全域旅游创建工作现场会	推进全域旅游创建
2016 年 9 月	国家旅游局在宁夏召开第二届全国全域旅游推进会,发布了《国家全域旅游示范区创建工作导则》及《国家全域旅游示范区认定标准(征求意见稿)》	全域旅游示范区创建工作开始进入更加规范化和抓准化的阶段
2016 年 9 月	习近平总书记在考察宁夏时指出"发展全域旅游,路子是对的,要坚持走下去"	标志着全域旅游的思路获得认可
2016 年 11 月	国家旅游局公布第二批共 238 家创建"国家全域旅游示范区"名单	全域旅游示范区扩容
2017 年 3 月	政府工作报告中提出,完善旅游设施和服务,大力发展乡村、休闲、全域旅游	"全域旅游"首次写入政府工作报告
2017 年 6 月	国家旅游局关于印发《全域旅游示范区创建工作导则》的通知,规定六个程序,实现五个目标,突出六项原则,落实八方面任务	为全域旅游示范区创建工作提供行动指南
2018 年 3 月	《国务院办公厅关于促进全域旅游发展的指导意见》强调,发展全域旅游要坚持统筹协调、融合发展,因地制宜、绿色发展,改革创新、示范引导的原则,将一定区域作为完整旅游目的地,以旅游业为优势产业,统一规划布局、优化公共服务、推进产业融合、加强综合管理、实施系统营销,有利于不断提升旅游业的现代化、集约化、品质化、国际化水平,更好满足旅游消费需求。提出了发展全域旅游要落实好八个方面重点任务	为指导各地促进全域旅游发展
2019 年 3 月	2019 年政府工作报告提出"发展全域旅游,壮大旅游业"	进一步发展全域旅游

续表

时间	事件	意义
2019 年 3 月	文化和旅游部办公厅关于印发《国家全域旅游示范区验收、认定和管理实施办法（试行）》和《国家全域旅游示范区验收标准（试行）》的通知	规范国家全域旅游示范区验收、认定和管理工作，充分发挥国家全域旅游示范区在促进全域旅游发展中的示范引领作用
2019 年 3 月	文化和旅游部办公厅印发《关于开展首批国家全域旅游示范区验收认定工作的通知》	开展首批全域旅游示范区验收认定
2019 年 9 月	《文化和旅游部关于公布首批国家全域旅游示范区名单的通知》	北京市延庆区等 71 家单位认定为首批国家全域旅游示范区
2020 年 7 月	文化和旅游部办公厅印发《关于开展第二批国家全域旅游示范区验收认定工作的通知》	开展第二批国家全域旅游示范区验收认定工作
2020 年 12 月	《文化和旅游部关于公布第二批国家全域旅游示范区名单的通知》	北京市门头沟区等 97 家单位认定为第二批国家全域旅游示范区

二、全域旅游的内涵

学术界对"全域旅游"的研究尚处于探索阶段，厉新建等（2013 年）在研究中首次针对全域旅游提出了"四新""八全"的基本框架，指出所谓"全域旅游"就是"各行业积极融入其中，各部门齐抓共管，全城居民共同参与，充分利用目的地全部的吸引物要素，为前来旅游的游客提供全过程、全时空的体验产品，从而全面地满足游客的全方位体验需求"[7]。

学者们对全域旅游的理念、模式、运作等方面做了深入研究，吴必虎等（2015 年）以党的十八届五中全会提出的"创新、协调、绿色、开放、共享"新发展理念为指引，提出了全域旅游的发展内涵和方向[8]；焦彦、徐虹（2016年）认为全域旅游是多方利益主体参与的全社会治理模式，必须通过旅游全要素、全市场的不断整合创新，形成一个游客与居民资源共享、服务共享的旅游目的地[9]；王庆生、张行发（2017 年）提出全域旅游强调的是全资源，旅游资源也不再局限于自然、人文环境，凡是能满足游客放松体验需求的都是旅游吸引物[10]。近年来，有关全域旅游的研究主要围绕旅游目的地可持续发展、旅游产业融合、旅游供需平衡、旅游特色小镇、旅游生态系统等领域。

"全域旅游"的概念一直都是学界热门讨论的话题，目前尚未形成统一的定论，当前主要有以下几种代表性的观点。

（一）产业观

2016年，国家旅游局对"全域旅游"进行了规范性的定义，即"全域旅游是指在一定区域内，以旅游业为优势产业，通过对区域内经济社会资源尤其是旅游资源、相关产业、生态环境、公共服务、体制机制、政策法规、文明素质等进行全方位、系统化的优化提升，实现区域资源有机整合、产业融合发展、社会共建共享，以旅游业带动和促进经济社会协调发展的一种新的区域协调发展理念和模式"。

我国旅游经济发展模式一直是以政府主导、推进型的发展模式，改革开放后由于国内旅游市场尚未形成，优先发展入境旅游。随着国内旅游的兴起，形成了以景区景点为中心、以旅行社为组织方式、以门票收入为主要盈利方式的传统旅游模式。但是随着消费升级，旅游从观光旅游向休闲旅游转变，旅游业态不断创新，旅游产业不断融合，传统的以旅游企业为中心的"小旅游"管理模式已经阻碍了"大旅游"新格局的发展。旅游产业走向了以"旅游+""+旅游"为主的多产业、多领域、多部门的融合发展道路。杨振之（2016年）认为全域旅游是在旅游资源优势区，通过旅游产业的主导，实现空间和产业层面生产要素的优化合理配置，通过旅游产业带动区域经济的整体发展，不断提升区域竞争力的创新发展形式[11]。该概念认为全域旅游发展的途径就是通过旅游产业引导其他产业，实现共同发展；戴学锋（2016年）认为全域旅游是一种新的区域协调发展的理念和模式。在这个区域内，旅游业是优势产业，可以对其他社会资源，诸如相关产业、生态环境、公共服务、政策法规、体制机制、文明素质等进行系统性的优化提升，对区域内的资源进行整合，促进产业融合发展，社会共建共享[12]。这个概念强调区域旅游业的主导作用，将旅游业作为一个与社会经济密切联系的整体，通过发展旅游业促进区域的全面发展；苏剑（2017年）认为全域旅游通过旅游产业带动其他产业结构调整，为其他产业提供发展新动能，促使社会协调发展，其本质是"旅游+"，旅游产业居于核心地位。它为旅游引领下各产业社会协调发展提供了一种发展模式[13]。

（二）全面观

厉新建（2013年）等最早提出了全域旅游的内涵，认为全域旅游是指"各行业积极融入其中，各部门齐抓共管，全城居民共同参与，充分利用目的地全部的吸引物要素，为前来旅游的游客提供全过程、全时空的体验产品，从而全面地满足游客的全方位体验需求"。厉新建等提出了"八全"的理念，即全要素、全行业、全过程、全方位、全时空、全社会、全部门、全游客，其本质是要在全行业中对全要素进行整合，将全过程、全时空的旅游产品全方位地供给给游客（图2-1）[7]。

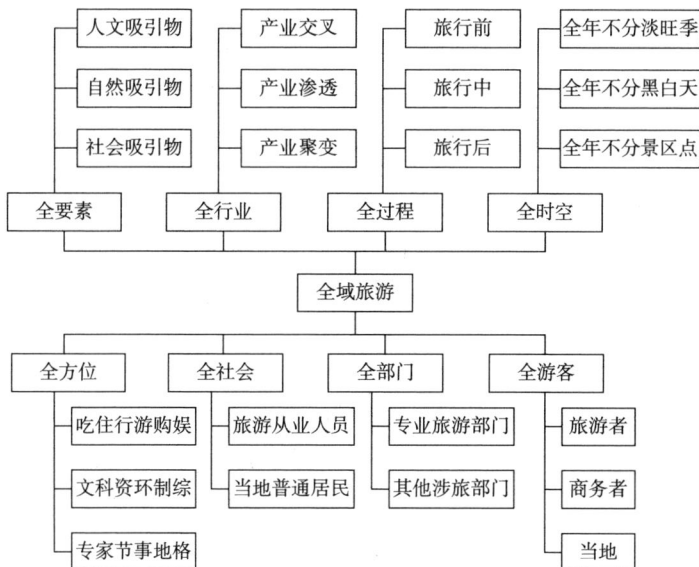

图2-1　全域旅游"八全"结构图

在对全域旅游概念的界定上，多数学者立足于"全"字展开探讨，蒙欣欣（2016年）提出全景、全时、全业、全民"四全"[14]；梁学成（2017年）提出以旅游者需求为发展核心，并从旅游产业发展方式转变和旅游幸福感增强两个方面理解的全行业、全部门、全要素、全时空、全主体和全管理的"六全"[15]；苏剑（2017年）认为创建全域旅游示范区首先要落实"全"，旅游目的地必须具备一定数量的旅游产品体系，才能形成旅游产业基础，驱动旅游目的地实现全域旅游发展，所以全时空的旅游产品是全域旅游示范区发展的基石[13]。

（三）空间观

张辉、岳燕祥（2016年）对"全"和"域"有不同的认知，他们从旅游经济发展的背景提出旅游经济问题既是一个产业问题，也是一个空间问题，旅游产业发展离不开空间的支持，是通过空间变换形成了旅游经济，因此，不能单纯从"全"的角度来诠释全域旅游的内涵，而重点要从"域"的角度去解读[16]。"域"强调的是空间属性，空间、产业、要素和管理等在空间内共同构成了"域的旅游完备"，从社会经济发展层面上来认知全域旅游的"旅游化"；丰晓旭、夏杰长（2018年）从产业域、空间域、管理域3个维度进行研究[17]；王晨光（2019年）对"域"进行了文字意义上的解读，认为"全域"是对"旅游"的修饰，而"全"又是对"域"的修饰，所以"域"是"全域"的重点。"域"指的是空间、地区，因此，可以将全域旅游概括为"把一个地区的旅游业作为中心产业，对其旅游资源、旅游环境、旅游服务等要素重新整合优化，吸引更多的消费者，带动其他产业，从而推动本地区经济发展的一种发展模式"[18]。旅游目的地的资源、环境、服务都必须依托地区、空间，即"域"的层面来发展，因此从这个角度来看，"域"的重要性要高于"全"。

王晨光（2019年）认为"域"，全域旅游的核心：一是旅游活动空间的不断拓展，旅游空间已从传统的景点延伸到当地居民的生活和生产空间；二是旅游方式的不断创新，生活化的旅居、漫游等方式成为越来越多旅游者的选择，这使旅游者在某一旅游空间花费的时间大大增加；三是随着消费水平的不断提升，自驾游已成为旅游新趋势，空间距离不再是阻碍因素，同时自驾游也对目的地的空间提出了新要求；四是旅游产品不断创新，也对目的地空间格局产生了影响，打破传统空间概念，创新了许多新空间。由此可见，受旅游需求变化的影响，旅游目的地都更加重视"域"的发展，而全域旅游就是"域"的整合和变革[18]。

王佳果（2018年）等认为，虽然目前对"全域"有很多不同的理解方式，但在学术领域需要有明确的概念界定，他们认为应将"域"界定为"空间"，对"域"研究的理论基础来源于经济地理、产业经济、旅游规划等学科。所谓的"产业域""管理域"和"时间域"都必须依托"空间"这个载体才能实现，因此，脱离景区谈全域景区化是不现实的，不符合空间发展规律[19]。

三、全域旅游的核心理念

（一）空间发展理念

1.旅游业发展"空间"的拓展

首先，传统的以景点为核心的旅游发展模式和空间发展格局越来越难以满足多样化的旅游需求，旅游业需要通过不断拓展旅游发展"空间"，创新旅游发展格局来推动供给侧结构性改革；其次，中国城市化进程的不断加快，为旅游供给侧结构性改革提供了空间基础，城市功能中的休闲旅游功能不断得到加强，城市公共休闲空间不断增加，现代化城市已将宜居宜游作为发展新方向；最后，城市化的发展也需要改变空间格局，实现多产业融合，而全域旅游正是以空间经济系统的发展理念以来推动旅游产业升级，这契合了城市可持续发展的目标。

对于旅游者来说，旅游空间范围也发生了改变，不再局限于旅游景区，凡是具有吸引力的生产、生活场景都可以成为旅游者的旅游空间，因此，需要拓展"域"的视域范围。旅游目的地开发不应局限于旅游景区、景点的建设，更应重视全域旅游的空间规划和整体提升，拓展旅游空间和视域范围。这样既可以拓展旅游者的旅游空间，增强体验，也可以激发居民的主人翁意识，增强居民的幸福感。

2. "空间"是"产业"发展的载体

郭毓洁、陈怡宁（2016年）认为城市毫无疑问是发展旅游的空间载体，随着旅游产业的发展，旅游目的地的空间格局也发生了变革[20]。早期的旅游目的地空间格局是点线式旅游空间结构，以景区为核心点，把提供服务的旅游企业串联成线，形成内部循环的空间结构。随着旅游产业的发展，空间格局转变为板块式空间结构，旅游空间结构不应停留在二维空间的点线构建，还需要将点、线外的其他区域也纳入旅游发展空间，通过整合资源，增强各行业的关联度，带动其他产业的发展，实现城市的旅游化进程。在全域旅游发展理念下，板块式空间结构突破了传统行政区域划分的束缚，形成新的以旅游集散地为基础的区域空间网络结构，真正实现全域范围内的要素组合，打破之前以点、线带动的"门票经济"模式，推动产业融合，积聚规模效应，构建全产业链的旅游目的地服务体系。

空间不是对"域"的固有解释，不过，全域旅游中的"空间域"是核心要素，它是旅游经济系统建设上的空间依托。它代表着对旅游产业的认识已经从"旅游+"深入空间层面，从抽象的产业关联提升到空间发展依托上[21]。旅游目的地的空间结构由"点""线""面"构成。目的地发展全域旅游还是要以景区为基础，围绕核心吸引物，将周边具备旅游发展基础或潜力的城镇、村落逐步打造成旅游中心地、特色旅游小镇、特色旅游村落，通过打造旅游空间生产中的产业集聚区、增长极（点），形成产业空间的全域扩散。产业扩散需要通过扩散的廊道，这就是旅游目的地空间结构中的"线"，即产业发展轴，不仅包括交通干线，还包括由大数据、物联网构建的信息、物质流动网络，推动旅游快速集散和产业要素快速扩散。而"面"则包括旅游目的地整体生态环境、社会环境和人居环境。全域旅游需要全面考量不同景区、区块、廊道、环境的作用，形成优势互补，打造能够满足多种旅游需求的空间结构体系。

（二）主客共享理念

1.从主客分异到主客共享

王磊磊（2020年）对全域旅游的发展提出新见解，认为全域旅游的战略部署逐渐触及突出社会和居民参与的相关领域，提出了全新的市场观，旨在打造"主客共享"的新型旅游目的地[21]。全域旅游的发展进入了一个新层面——主客共享。全域旅游的发展实质上包含从"主客分异"到"主客共享"的实现过程。旅游业已成为地方经济增长的一大引擎，在发展旅游的过程中，既要满足游客的需求，也要考虑当地居民的需要。服务当地居民是城市的首要功能，随着旅游业的发展，游客的到来使当地居民在空间资源、自然资源、环境资源等方面感受到了一定的挤压，如何兼顾两者的需求，使他们达到和谐统一是旅游目的地城市迫切需要解决的问题。

城市的公共休闲场所中不仅有当地居民，还有外来游客。随着休闲与旅游边界逐渐消失，两者逐渐融合，当地居民和外来游客的身份也经常互换。他们共建共享城市，共同享受旅游资源。当地居民在休闲生活中感受城市发展所带来的改变；游客在旅游中体验当地的文化风俗。随着新的旅游方式的兴起，城市的公共休闲空间逐渐成为居民和游客的主要休憩场所，人们可以更多地参与到休闲活动的各个方面，对公共休闲空间的服务和品质要求也越来越高。游客为城市带来了资金、人员和信息的流通，破坏了城市原本的生态格局，重塑了居民和游客的关系。随着居民和游客的不断交往，旅游的现代性问题也越来越突出。居民是城市公共休闲空间的"东道主"，他们的生产和生活场景也是吸引游客的因素，同时也吸引开发商在旅游建设中进行投资。游客和居民在经济、社会和文化3个层面上产生了矛盾，双方的不满慢慢凸显，最终造成主客关系破裂的局面。所以，为了应对国内旅游发展的新趋势，需要对主客共享型城市的公共休闲空间进行服务的提升。

2.全民共建共享

让更多人通过旅游收获存在感和幸福感，是旅游发展的终极价值目标，这一理念应该贯穿于对"全"的理解上。游客与居民不再对立，原本遥远的彼此在共同的空间相遇，跨越地域、文化、语言、民族、年龄等阻碍，在同一空间里彼此通过交互，深度感受当地生产、生活，形成对目的地美好和深刻的体验。同时，旅游地服务深度和广度的拓展也为当地居民提供了更多创业机会，居民在为游客提供周到服务同时，也享受着由此带来的优美环境，形成了"全民参与、主客共享"的美好格局。对于游客和居民来说，旅游使生活更美好，生活品质和幸福感大大提升，这正是全域旅游的终极目标。

2015 年，国家旅游局（现为文化和旅游部）召开全国旅游工作会议，就"全域旅游"这一主题探讨出一种全新的市场观：主客共享的休闲目的地。在全域旅游定义里，游客和居民的关系并不是那么泾渭分明，它的市场不但面向以观光旅游为目的的外来游客，也面向有休闲需求的当地居民。闲暇之余，居民可以享有高质量的生活，同时，其日常生活也成为游客的一大兴趣点。全域旅游不仅应该考虑为游客提供高质量的服务，更应该全面顾及当地居民的权益，这样才能在真正意义上实现"主客共享"。

戴斌在 2019 年发表"携手培育主客共享的美好生活新空间"的演讲时提出，要顺应旅游团体散客化、旅游消费休闲化的新局面，上至戏剧场、下至菜市场等市民公共休闲和生活场所实行无差别开放，以满足全面小康时代游客们的新需求。除此之外，还要重视文化引领与科技赋能，加大改革力度与开放程度，推进我国的旅游产业现代化、可持续发展。

全域旅游强调产业融合，加快产业融合使旅游要素不断扩大，从而推动乡村旅游和城乡一体化发展，进一步带动基础设施、公共服务建设。全域旅游通过旅游业的发展，带动区域经济发展，从而获得更加高效的经济、社会、生态等效益。全域旅游通过释放旅游业综合功能，扩大旅游溢出效应，让更多人共享旅游发展的红利。全域旅游有利于全面实施供给侧结构性改革，加快城市化进程，打造主客共建共享的美好生活空间。

| 第二节 |

全域旅游目的地的概念、特征及发展

旅游从业者和学者都认识到，仅依靠旅游业自身无法建设好旅游目的地。旅游目的地的建设需要创新区域发展模式，要将一个区域作为旅游目的地来建设和运作，实现区域资源有机整合、产业融合发展、社会共建共享。这必然带来旅游供给系统和旅游消费需求的变化，使旅游目的地功能也会发生相应变化。因此，需要对旅游目的地理论进行拓展，以适应新发展、新实践。基于这一实践认知而提出全域旅游，是对"旅游目的地"概念的提升。旅游目的地建设是全域旅游发展的最终呈现形态，要研究全域旅游就必须研究旅游目的地。从空间的视角来看，全域旅游的发展主体是具备一定空间尺度的旅游目的地，发展全域旅游的核心任务是建设高品质的旅游目的地。

全域旅游跳出了对传统旅游和狭义旅游的认知，创新了新理念和新模式，将一个区域整体作为功能完整的旅游目的地来建设，以此带动和促进经济社会协调发展。

一、全域旅游目的地的概念

厉新建等（2013年）将全域旅游与旅游目的地理论相结合，提出"全域旅游目的地"的概念，指出全域旅游是建设一流旅游目的地的思路和方法，全域旅游目的地是用整合思维，即"全域旅游"的理念来整合全域范围内所有可利用的旅游吸引物，将其开发成吸引节点，形成整体形象突出、服务设施完备、旅游业态丰富，对旅游者有较强的吸引力的全新旅游目的地[7]。居民与游客的融合是全域旅游的一大特点，旅游目的地是既是居民的家园，也是游客的"家园"。这里的"家园"区别于"主题公园"，当地居民也不是"主题公园"中的演员。"主题公园"只能短暂停留，而"家园"值得永远怀念。在全域旅游的概念里，居民和游客都是"家园"的组成部分。总结来说，全域旅游目的地是以城市（镇）为空间尺度，综合了各种旅游要素，充分利用资源，积极创新产品，全面满足游客需求的新型旅游目的地。

本书中"全域旅游目的地"是指坚持全域旅游理念，在特定区域范围内，将一切可被利用的旅游吸引物开发形成吸引游客的吸引点，打造成旅游整体形象突出、旅游基础服务设施完备、旅游业态多样、能够对旅游者极具吸引力的综合性区域空间。

二、全域旅游目的地的特征

全域旅游本身就是一种新型旅游目的地发展形态，在全域旅游时代，新型旅游业态会不断涌现，旅游目的地将呈现出新的特点。

（一）全新的资源理念

全域旅游模式采用新型的旅游资源观，传统的旅游吸引物已无法满足消费升级下大众游客对于新型旅游的需求。现在的游客不仅对传统旅游景观感兴趣，旅游目的地的环境要素，例如，气候、生态、氛围等也成为吸引游客的重要因素。因此，在全域旅游目的地的建设中，要突破对资源的框架限制，并对旅游吸引物的范围重新界定。全域资源就是将旅游目的地内所有要素作为旅游吸引物，包括当地的人文、自然、社会等旅游资源，以及本地的农业、工业等产业资源，无论是有形的还是无形的，都可以成为全域旅游发展的吸引物。全域旅游模式下的旅游资源不仅包括已评定的各级别景区、森林公园、旅游区，也包括各类非传统意义的景区和旅游区，例如，水系、植物园、林地、城镇、道路、村落、山川、田园等，还包括海域、星空、云天等气候资源，以及各类生产活动相关产业，如矿业、养殖业、农业、林果业等。

此外，要格外重视利用资源的方式，资源的价值不仅体现在资源本身，更体现在如何利用资源的方式。在过去，强调高端大气的旅游景观，而现在的全域旅游更加侧重打造旅游目的地的环境和氛围。旅游目的地的所有要素都可能成为游客的兴趣点，涵盖了当地的旅游吸引物以及吸引物所处的环境。失去了与当地环境的结合，吸引物就像展示柜中的展品，静止且孤立，失去了生命力和光彩。因此，在发展全域旅游中，要注重挖掘当地特色的文化特质，厘清自身的文化资源，加快对当地吸引物的整理和重新构建，同时也要紧密地结合当地的文化背景和所处环境。

（二）全新的管理理念

全域旅游融合"创新、协调、绿色、开放、共享"的发展理念，打破传统的以单一景点和景区为单位的景区建设思路，通过旅游管理方式的创新和全民共建的治理路径，助推旅游业高质量发展的新模式。因其涉及业态范围广、新型产品要素多元、业态联系紧密等特点，传统单一的治理思路已不能满足新型管理需求。因此，全域旅游的发展模式需要突破传统单一行政部门管理的模式，充分调动游客、居民、企业的参与度和主人翁意识，改变"管"与"被管"的思维定式，实现由"被管方"向"管理方"以及"行政治理"向"参与治理"的转变，实现多部门、多行业、多区域的联动和协管，落实全域旅游下的共建共享。

（三）全新的产品理念

基于全新的资源观，全域旅游模式下的旅游产品内涵不仅包括传统旅游吸引物和旅游环境，还包括旅游目的地居民方的参与和融入。因此，全域旅游目的地的文化不仅要体现在旅游实物上，也要展现当地居民的风土人情、语言文化、生活方式、价值观念，当地居民的参与和融入是全域旅游目的地特色产品的重要展现，因为当地居民融入城市的生活和风情也是游客想要了解和追求的旅游体验之一。助力文旅融合和产品创新，推动"旅游+"新业态发展，促进旅游业与娱乐业、商贸业、会展业等产业的融合发展。

要进行产品创新，促进旅游产品结构优化提升，增加旅游地的吸引力。全域旅游的过程是指游客在目的地旅游直到离开的全过程，在整个旅游过程中，目的地要不断地为游客提供丰富多样的旅游体验。因此，为了满足游客追求全过程的旅游体验，旅游目的地要重点构建"体验点—体验线—体验面—体验场"的旅游体验模型，这意味着在构建旅游体验模型过程中，要加强对体验过程的管理、调控。在整个旅游体验模型中，从点到线，线交织成面，面又构建出场，使游客能够得到丰富、立体、完整的旅游体验。

（四）全新的服务理念

旅游需求的变化带动旅游服务供给的创新和改革，需要统筹域内各类资源，进行高效配置，提高公共服务供给水平和质量，提高居民幸福感和游客满意度。一方面，要加强基础配套设施建设，各旅游目的地要从市政、交通、民生等方面入手，完善配套设施，例如，扎实推进"厕所革命"，构建畅达便捷的交通网络等；另一方面，要提升公共服务水平，创新公共服务设施设计和建设规划，推进服务智能化，例如，构建智慧旅游及服务平台等。

三、全域旅游目的地的发展

（一）提升目的地居民和游客幸福感

虽然全域旅游以产业和区域为发展主体，但是，产业和区域发展的最终受益主体是个人。在全域旅游中，受益主体主要分为两类：一是目的地居民，目的地居民是旅游服务和资源的重要供给者，同时也是全域旅游发展和目的地发展的受益主体之一；二是目的地游客，游客是旅游产业服务的对象，全域旅游的发展应促进旅游服务的优化，提高游客的满意度和幸福感。因此，从受益主体的角度出发，全域旅游应将目的地居民的公共福利与游客的休闲旅游需求全盘协同，实现全域旅游模式下的"共建共享"。

（二）开拓城市公共休闲空间，增强公共休闲服务供给

各个城市都应该不断开拓出各式各样的休闲空间，增强休闲公共服务和市场供给的多元化，推进各种各样的文化休闲空间的发展，培育多种多样的体育健身休闲（包括户外运动）爱好，实现当地居民与外来游客的和谐共享。发

展休闲，主要就是为本地居民造福，改善和优化本地居民生活质量，对此，本地居民是非常欢迎的。而城市发展休闲，其实就是在发展旅游。因此，城市发展休闲和旅游的最佳途径就是让休闲和旅游的环境、资源、设施与服务等都能够实现当地居民和外来游客的共享，让本地的公共服务供给和市场供给都能够有意识地考虑到当地居民与外来游客共同的需求。实现当地居民与外来游客对环境、资源、设施与服务的共享，这应该是现代新型城市在未来发展的一个方向。

| 第三节 |

全域旅游的创建实践

开展国家全域旅游示范区的创建工作，设立旅游业态改革升级的试验田和示范区，打造城市旅游高质量发展的目的地标杆，对全域旅游目的地发展提供可借鉴的实践经验和理论基础。

2016年2月，国家旅游局公布了国家全域旅游示范区创建单位名单，共有262个市县成为首批国家全域旅游示范区创建单位；2016年5月26日，国家旅游局在浙江省桐庐县举办了全域旅游创建工作现场会，同时举办的还有创建工作培训班，此次活动标志着中国旅游业全面进入全域旅游发展时代；2016年9月，国家旅游局颁布了《国家全域旅游示范区认定标准（征求意见稿）》，从共建共享、旅游要素、旅游环境、旅游交通、宣传推广、智慧旅游、公共服务和政策支持8个方面认定全域旅游区。这一标准的公布为全域旅游示范区的设立提供了政策标准和工作框架，有利于全域旅游的实践推广和理论补充。但是，国家认定标准并不是建立全域旅游示范区的最终阶段，而是推进全域旅游示范区建立的起点。全域旅游示范区的建设需要在标准的基础上，全面深化经济结构和行政改革，稳步有效促进社会经济长期发展；2018年3月，国务院办公厅印发《关于促进全域旅游发展的指导意见》，就加快推动旅游业转型升级、提质增效，全面优化旅游发展环境，走全域旅游发展的新路子作出部署；2019年9月25日，文化和旅游部官网公布首批国家全域旅游示范区名单（共71个区市县），全域旅游创建进入验收阶段。

一、厦门模式：构建高端引领、多元支撑的全域旅游发展新格局

经过积极对标和筹备，厦门市于2016年11月入选"国家全域旅游示范区"第二批建设单位，这是厦门在全域旅游模式探索过程中的起点，其全域旅游实践被国内公认为全域旅游"厦门模式"。

厦门市是我国海峡两岸文化经贸来往的窗口城市。厦门市拥有山海一体的海峡旅游资源和独特的历史文化脉络，温度适宜，气候宜人，是著名的旅游和宜居城市，拥有全时空发展旅游的资源和基础。围绕全域旅游，厦门旅游业发挥供给侧改革的能动性，在存量资源优化和增量资源扩充两个方面着力做好全域旅游，力争实现高端旅游资源引领和多元旅游资源支持的良好局面。在放大全域旅游的乘数效应中，不断培育壮大市场主体，做优产业，丰富特色旅游新业态产品，持续提升旅游服务品质水平。

1.规划全域覆盖

加强规划的统筹引领功能，抓住"城市多规合一"升级的契机，深度挖掘和梳理厦门旅游资源，编制实施《厦门市全域旅游专项规划》《"十四五"文化和旅游发展专项规划》《"十四五"文化产业发展规划》，将其与厦门城市总体规划进行了衔接，纳入全市"多规合一"协同平台，为打造文旅经济高地画好"路线图"，先后出台《厦门市关于促进旅游业高质量发展的实施意见》等各类产业政策30余项，每年划拨1.8亿元专项资金用于扶持文旅产

业发展。

2.结构全域优化

发挥厦门生态自然环境优美的优势，打破行政区划和自然地理单元的限制，将厦门这一旅游城市作为全域景区，发挥厦门整体的自然和人文特色。重点筛选出城市、海洋、山乡3个层次可利用空间，在环境保护的总原则引领下，构建"环岛、环湾、环山"的突破格局，拓展和优化厦门的旅游发展空间。

3.社会全域参与

普及主客共享城市理念，调动社会各方参与，加快推进厦门作为全域旅游示范区的发展。通过环境全域整治、营造文明诚信旅游环境、全民共享发展成果，调动全市上下参与全域旅游建设的积极性。由全市各相关部门、各区政府等共同落实，加快推进厦门全域旅游发展。

4.要素全域配套

旅游要素全域提质升级。着力推动新型住宿业态，发展面向不同消费群体的多元化酒店民宿。促进旅游消费升级，积极培育消费热点，充分释放旅游、购物、娱乐环节消费潜力。完善景区服务配套功能，提升旅游产品品质。

当前，厦门一大批重点文旅项目建设如火如荼。园林植物园创建国家5A级旅游景区，加快建设海上世界、滨海旅游浪漫线、东坪山生态旅游区以及马銮湾集美岛、丙洲岛等主题旅游区，推进华强方特二期、神游华夏园二期、灵玲国际马戏城二期等重点文旅项目；郑小瑛歌剧艺术中心、厦门海上歌剧院、厦门市美术馆、闽南文化集中展示中心、丰子恺美术作品展览馆等厦门文化新地标项目也在稳步推进。

5.产业全域融合

依托良好自然生态环境，在严守生态保护红线的前提下，加强资源全域整合，推动山地、海洋等生态资源与旅游融合发展。重点打造"旅游+"的新业态融合，丰富文旅融合、研学旅行、文旅康体、文旅会展等领域的高质量渗透发展，丰富旅游产业的深度和广度。培育具有福建特色的全域旅游元素，完善滨海旅游、海峡旅游、闽南文化旅游、贸易会展等特色旅游产品，培育和规范游艇、帆船、房车、自驾车、露营地等特色旅游新业态。

厦门市还聚焦文旅经济发展定位，坚持重点突破、精准发力，加快培育新动能、布局新赛道。持续推进"以节促产""以节促城""全域金鸡"发展战略，积极引进国际知名的新型影视节展品牌，打造汇聚优势影视资源和市场要素的平台，加强新业态培育，加快在数字内容、网络影视剧、动漫游戏、直播与短视频等文化领域，以及城市休闲、康养旅居、婚庆旅拍、研学旅行、赛事节庆、沉浸式体验等旅游领域培育新产业、新业态；实施音乐厦门品牌战略，建设兼具音乐消费区、数字音乐集聚区及人才培养基地"三区合一"的音乐产业园区，打造数字音乐研发、创作与录制、版权交易、音乐经纪、教育培训、互动娱乐、器材租赁、衍生品开发等产业链。

依托海湾、海岸等资源，开发邮轮游、海钓游、帆船游、游艇游、亲海游等多元旅游产品，做优"海洋+"。结合《对手》《开端》等在厦门取景的热播剧，推出"人在剧中游"35个打卡点，做强"影视+"，支持影视企业参与旅游开发。强化文旅消费数据监测体系大数据应用，拓展全域旅游大数据分析及监管平台功能，做实"科技+"，提升文化和旅游行业监管能力。发挥集美闽台研学旅行基地品牌效应，延伸发展海洋研学、文化研学、主题教育研学，做活"教育+"，做大做强研学旅行。

6.服务全域提升

通过全域旅游交通体系构建、完善集散咨询服务体系、推进旅游"厕所革命"、提升旅游服务智能化、规范旅游引导标识系统5项举措完善旅游公共服务体系。

7.主体全域壮大

厦门坚持多措并举，积极稳住、扶持、壮大市场主体，不断增强内生动力、激发市场活力、提高竞争实力，助力文旅经济行稳致远。

针对文化和旅游企业面临的实际困难，厦门坚持"放水养鱼"，落实"一困一策""一企一策"，先后出台文化和旅游产业纾困政策20余项，发放专项奖补资金6000多万元，让主要文化和旅游企业"活"下来。

此外，厦门还逆势而上，持续招大商、引强商。影视产业方面，厦门推动华策影视拓展在厦门总部的业务规模和板块，实现累积签约超4亿元，积极推动恒业影业总部落地；旅游产业方面，引进全球酒店品牌，如W酒店、华尔道夫酒店、波特曼酒店、安达仕酒店，成功推出海陆一体大型实景360°全沉浸互动演出《厦门喜事》、"海上会客厅"波赛东66号游轮、胡里山炮台"流光厦门——国宝文物奇妙夜"，以及环岛路"飞越厦门"体验馆等项目，主动抢占体验经济新蓝海。

8.营销全域统筹

旅游宣传营销全方位推进，创新构建厦门旅游品牌体系，展现厦门"高素质、高颜值"的国际旅游目的地新形象。通过健全宣传推广机制，注重精准营销，统筹国内外营销，推动厦门旅游品牌走向全国，享誉世界。

9.市场全域监管

监管旅游市场有序化、旅游投诉及时化和旅游安全全方位保障，营造优质旅游环境。打造"政府依法监管、企业诚信经营、游客文明出行"的市场秩序，完善全域规范和联动的监管格局。

二、集美模式：打造"集天下之大美，美集在一起"的全域旅游

2020年，厦门市集美区入选文化和旅游部公布的第二批国家全域旅游示范区名单，成为厦门全市首个国家全域旅游示范区。集美区以"全景、全时、全民、全业"的全域旅游理念，着力打造集美六大产业链群、七大投资工程，把集美全域作为旅游一体化平台，打通多层级、多方位文旅产业链，促进以文旅融合高质量发展为目标的产业转型和升级，为游客提供全过程、全时空、全龄

段的旅游产品，全力打造"集天下之大美，美集在一起"的全域旅游"集美模式"。集美区以全域旅游作为经济社会发展转换动能、升级优化的新引擎，从体制机制、政策保障、公共服务等方面发力，打造全域旅游示范区。

1.创新体制机制，优化政策保障

自2016年起，集美区成立集美全域旅游专项领导小组，建立党政统筹的领导机制。集美区领导小组出台全域旅游规划和实施方案，并提供文创、研学等相关政策工具，助推全域旅游发展模式。

依托高校集聚优势，集美区将学校导师发展为专家智库，开展校企旅游人才培训基地，建立旅游人才奖励机制，并引入旅游专业人才、专家、企业等，为打造全域旅游提供策略、营销等支持；在旅游扶持政策方面，集美区的投入力度也堪称厦门市六区中力度最大的。

2.完善公共设施和服务，迎合旅游发展新趋势

集美区创新性地开通全省首个铛铛车旅游专线，连接集美区地标性酒店、景区和地铁等，并为游客打造形式新颖的线上小程序"集美旅游"，该小程序为游客提供微信端公共服务导向信息，让游客出行更加个性化和便利化。积极开展"厕所革命"，获全省旅游"厕所革命"先进区。

3.通过品牌活动，打造全域旅游IP

通过品牌活动、品牌营销、品牌产品，打造"品牌活动+沉浸式旅游体验+新媒体+市场化"的打包式集美综合模式，并为这一全域旅游模式量身定做"集美节"这一独特IP，将全区旅游资源、商贸、文娱、博览等元素与品牌活动进行有机整合。之后，根据市场化需求"精准营销"，建立多主体共同参与的营销联动机制。同时，依托线下品牌活动，打通线上、线下的全面宣传格局，利用微信公众平台、网络直播、线上互动游戏等贴近时下潮流的方式打造"永不落幕的集美节"。借助丰富的旅游资源和深厚的人文底蕴，集美区连续举办法国阿尔勒摄影季、国际武术大赛等贯穿全年的国际化品牌活动，将"旅游淡季"转化为"旅游旺季"。

4.创新业态，发力研学

集美区率先发力"研学旅行"，联结学校与景区，发展包括600多项研学课程、30个研学单元和1个研学总部的多层次、多主体的研学体系。

依托厦门对台优势，率先打造面向我国台湾地区的研学教育基地，吸引台湾地区青少年来厦研学旅行。同时，在全国率先发布区级对台研学旅行政策，创新打造海峡两岸青少年研学中心，实现"旅游+教育"的专业合璧。

5.盘活资源，做大集美夜游经济

夜览璀璨杏林、赏3D全息盛宴"水舞秀"、观月光环美景……这才是"夜游集美"的正确打开方式。近年来，集美区率厦门之先，发展夜间经济，鼓励从"夜游、夜食、夜娱、夜宿、夜购"5个方面发展居民和游客的夜游经济，创新式盘活集美区文旅资源，目前已初步形成了以集美学村和集美新城为增长核心的"夜游圈"。近三年来，厦门市集美区旅游人次和旅游收入平均增长三分之一以上，夜游增幅超过20%，成为厦门市旅游发展又一高地。其中，2019年集美区旅游人次达到2300万，较2015年增长约3倍；2019年旅游收入达到120亿元人民币，较2015年增长约2.5倍。

第三章

全域旅游目的地城市公共
空间的发展演进

| 第一节 |

共享城市

一、共享概念

（一）共享的历史和发展

共享是当代社会非常流行的一种生活方式，目前已经在世界不同城市、社区有着广泛的实践，然而共享并不是新兴模式，它的历史可以追溯到原始社会，共享源于当时的聚居生活，人们已经通过共享来提升个体的生存能力。当今社会，共享的方式演变成为解决资源紧缺、人际关系紧张等一系列伴随城市化扩张带来难题的方式。随着共享的演变，其范畴与内容也不断升级，借助互联网信息技术的发展，人们的共享空间也从最早的亲属关系拓展到更广泛的公众社区，共享成为一种公共性行动，帮助人与人之间建立起更加紧密的联结。在互联网时代，共享不再局限于资源的联合和分配，而是帮助构建更加和谐、开放、互助的人际关系。

（二）"共享"的定义

目前学界尚未对"共享"有统一明确的定义，不同的学者给出了不同的解释。国外学者普里斯（Price，1975年）将"共享"定义为一种不计回报的人类经济社会行为，是对经济产品或服务的再分配[22]；贝尔克（Belk，2007年）指出共享是人们基于相互需要而相互付出或获取的分配行为和过程，共享不以实现物质平衡或获得补偿为目的[23]；本克拉（Benkler，2004年）认为共享是"非互惠的亲社会行为"[24]。学者们的定义归纳了共享的利他性和非互惠性，共享是基于他人需要而对产品或服务进行再分配的亲社会行为。

（三）共享经济

1."共享经济"的概念

虽然共享的历史比较悠久，但共享经济却是一种新的经济模式。在当代社会，共享经济的产生是以协同消费作为基础，也是将社会新旧经济进行重构的一种方式。共享经济的核心在于借助互联网平台，卖方将有形或无形的限制资源，基于盈利或非盈利的目标，与其他人进行资源的分享和交换。从本质上看，共享经济是基于互联网平台对社会上的闲置资源（资产、服务等）进行整合的商业模式，在这样的模式中，使用权被临时让渡，从而使需求方能以较低的价格获得资源，并支付报酬给提供方。在共享经济的模式中，需求方共享到了资源的使用价值，侧重的是享有资源的"使用权"，高于资源的"所有权"。

2.共享经济的形式

共享经济较为常见的形式有两种：第一种是人们借助互联网平台，例如，C2C或P2P，在闲时共享自己的个人物品、资源等；第二种是B2C产品的服务系统，即企业对个人的共享，企业向个人提供产品和服务，满足个体的需求。例如，几年前风靡中国的共享单车，企业向消费者提供单车，用户购买企业的骑行服务。共享经济的判定关键在于城市里的物品数量减少或被替代，用一定规模和数量的物品供给满足了用户不断增加的需求。因此，共享经济理念提倡的是从传统的购买拥有物品到不需要拥有、只需要使用物品的消费方式，它代表着生活方式的变革。

3.共享经济的驱动因素

共享经济能够迅速地发展和崛起，得益于这个时代网络信息技术的飞速发展和信息技术的飞跃创新。随着经济发展从过去片面追求速度到今天追求质量，共享经济体现了国家对经济增速放缓的要求。同时，正是因为能源消耗、资源紧缺、人际关系淡薄等城市化问题愈加严重，人们也开始重视绿色的生活方式、集体价值观的回归。

4.共享经济的表现类型

（1）共享对象：从物品形态角度划分，包括实物、空间、设施与服务、活动与体验（表3-1）。

表3-1　共享对象

实物	消耗品、废弃品、耐用品
空间	生活空间、办公空间、休闲空间
设施与服务	交通、医疗、生活服务、生产制造
活动与体验	知识技能、信息内容、金融服务、文化娱乐

（2）共享主体：从主体性质划分，包括个人、企业和社会，三者共同撑起共享的领域（表3-2）。

表3-2　共享主体

个体共享	个体所有者之间基于互惠互助原则进行的各类资源相互分享
企业共享	以企业为主体或中介进行的资源使用权临时转让或知识、信息、技能的交换
社会共享	在社会整体范围内进行共享安排，通过对公共性事务或事物进行统筹性安排来降低运行成本，惠及所有成员

二、共享城市

（一）共享城市内涵

城市是伴随人类历史发展的产物，随着全球城市化进程的不断推进，文明程度的不断提升，越来越多的人口涌入城市中。因此，也在交通、住房、能源、就业、社会等方面带来了严峻的挑战。未来如何打造新型的共享城市来解决城市化带来的诸多问题，成为目前全球城市发展的新趋势。

城市，从最早建立的时候就具备了"共享"的特征，例如，城市里提供的各种公共基础设施、资源、服务、管理等。因此，共享经济活动发生在城市里，城市容纳了共享的各种资源、空间、设施、生态环境等。随着所有权到使用权的转移，从协同消费到共享经济，都展现了共享城市在社会生活、空间利用等多个维度的变革。

共享经济的B2C产品服务系统对应到城市尺度上时，对应的系统之一即共享社区。共享城市是由共享经济和共享社会组合而成，但两者在营利模式上又是相悖的，共享经济的本质是逐利，而共享社会属于非营利模式，例如，城市里的闲置衣物流转、图书漂流角、旧货出售等。

共享的概念在城市、社区等层面广泛实践。更准确地说，共享可以追溯到更久远的原始聚居生活，通过共享提升个体生存的可能性。当下，共享再次成为城市应对资源紧张、人际关系疏离的有效措施。共享城市的实践源于北欧，并逐渐拓展到北美、亚洲等地。

通过对"Host guest sharing""Sharing City"等关键词的搜索发现，国外对于"共享"这一理念的研究，大多集中于"共享城市"这一概念，拉贝（Adrien Labaeye）认为共享城市作为另一种独特的叙事方式正在崛起，推动共享成为公正和可持续城市的一种变革现象；森宁和海蒂（Sinning，Heidi，2017年）将共享城市定义为自发组织的能够广泛应用的共享模式[25]；哈尔马拉（Harmaala Minna-Maari）等认为共享城市是以共享经济为主所构建的共享平台；朱洪宝、孟海星（2020年）从参与主体、组织形式、涉及领域、涉及空间4个方面阐述了共享城市的内涵。参与共享的利益相关者包括政府、企业和民间组织、公众，政府在城市共享体系中起支持、引导作用，搭建共享城市的政策、法律、财政、公共基础设施等支撑平台。企业和民间组织是共享活动的发起者和实施者，公众是参与者和受益者。城市共享活动主要涵盖了交通、食品、住房、工作与技能等方面。共享空间主要有城市公共设施空间、社区公共空间、企业和民间组织提供的共享生产、工作空间以及个人提供住宅空间[26]。

共享城市概念根据各地现实情况不断发展演进，产生越来越广泛的影响。要想实现共享城市，需要利益相关者的广泛参与。实现共享城市主要有8个关键因素，即监管、倡导、政府参与、民间响应、投资、城市共享平台、战略、数据资源（表3-3）。

表3-3　实现共享城市的关键因素[26]

因素	措施
监管	政府应该以积极开放的态度接纳并鼓励共享经济活动，并提供法律、政策上的支持和保障
倡导	政府应向公众宣传共享经济的积极影响，表达促进共享活动的决心
政府参与	政府应以共享的方式高效利用自身资源，如鼓励政府工作人员参与共享活动，在住房、交通、公共服务等领域积极探索共享模式
民间响应	政府为共享活动提供必要的政策支持后，公司企业、社会团体和市民个人都应积极参与，创新共享活动形式，拓展共享活动领域
投资	政府应给予共享活动适当的资金支持，并探索公共和私人投资的合作模式
城市共享平台	共享经济活动对互联网技术有较强的依赖性，政府应保障互联网的通畅，提高免费公共 WiFi 的覆盖范围
战略	城市应加强自身支持共享经济发展的能力，建立高效、稳定的共享活动管理体制，制订共享活动的评价指标体系和发展战略
数据资源	数据资源是网络共享经济活动的基础和支撑，为了促进共享经济活动，政府应将交通、旅游、公共服务、财政预算、市政投资等数据向企业和市民公开，并建立数据资源共享平台，以便市民查阅信息并对政府进行监督

（二）共享城市建设

1.可持续消费与生产

　　共享城市的关键核心在于应对城市化出现的种种挑战，因此，在建设共享城市的过程中，要注重可持续的消费与生产，才能推动和维持城市的健康和可持续发展，要改变城市传统高能耗、高污染的消费模式，转向可持续消费与生产（sustainable consumption and production，SCP），积极发展以SCP为核心的混合共享经济。

2.政府在建设共享城市发挥的作用

　　为了实现共享城市的目标，政府应该从支持、引导、可持续3个方面发挥作用：一是通过制定和完善相关法律法规来促进共享经济的良性发展，通过建设共享型公共基础设施来推动共享活动的开展；二是引导公众参与社会共享实践活动，提高公众参与共建共享活动的意识；三是坚持可持续发展战略，通过出台政策，加强管理和引导，推动可持续、绿色的社会共建共享活动。

3.市民参与城市的共建共享

在过去，市民较少参与城市的共享活动，仅仅作为共享活动和服务的被动参与者，随着共享城市理念的推广，为了让共享城市的建设更加公平和可持续，政府要积极地提供共享公共基础设施。例如，瑞典的马尔默市政府一直致于在共享城市建设中为市民提供良好的共享公共基础设施。政府通过为市民提供城市公共空间、工作技能、制造和维修工具等的共享，不断促进企业、民间组织和市民一起参与共享城市的建设，这使市民能够扭转被动参与的局面，改变过去的被动接受，以积极主动的身份投入城市的共建共享中来，一起推动共享城市的发展。

4.共享城市的共享维度

城市的共享活动丰富多样，根据其基本特征，现代城市里的共享活动可从4个维度进行种类的划分归纳（表3-4）。

表3-4　共享城市的共享维度[26]

维度	具体内容
商品和服务的交换	基于集体协作的商品和服务的交换活动，如银行业、保险业等
公共领域	包括现实空间层面的聚集、互动以及思想交流等活动
服务设施	公共和私人领域服务设施的共享，如共享托幼、医疗保健等
环境资源	城市中对环境资源的共享比其他任何地方都更密集。例如，对水和空气等资源的共享，高层建筑的开发可被视为最高效的土地共享，建筑材料、废旧报纸等各种废弃材料的二次利用

（三）共享城市未来展望

随着城市化进程的加快，打造共享城市成为许多城市未来发展的战略和方向，例如，旧金山、柏林、首尔等都进行了多样化的共享城市实践，为城市发展提供了实践经验和发展路径。截至2021年底，我国常住人口城镇化率为64.72%，城市的飞速扩张、城市人口快速增长带来能源消耗、交通拥挤、住房紧张等问题，为了解决这些城市化问题，创建共享城市模式，打造协调、可持续、生态友好型城市是可行的解决思路和方案。未来需要加大对共享城市的发展研究，设立专门的管理机构，推动共享城市的创新发展。

20世纪60年代，韩国经济飞速发展，但也暴露了在住房、交通、能源消耗、污染排放、就业等多方面的问题，作为韩国人口最多的城市，首尔的问题更加严峻，这些问题又加剧了贫富差距扩大、人际关系紧张等一系列社会问题。为应对挑战，首尔在2012年制定了《共享促进条例》，创新城市管理模式，设立解决共享城市方面问题的咨询委员会，颁布一系列相关措施，包括制定相关保障共享城市建设的法律法规，对从事和参与共享活动的企业、组织提供奖励政策和资金支持等。"首尔共享城市"计划在共享城市实践中发挥了积极作用。

在党的十八届五中全会中，提出了"创新、协调、绿色、开放、共享"的新发展理念，其中"共享"理念的提出，正是希冀人民群众能够共享国家经济发展的成果，促进社会的可持续和公平发展。共享城市的理念顺应了我国贯彻落实共享的新发展理念，共享城市成为城市规划和建设的创新举措，加快建设共享城市大有可为。

首先，构建共享城市能够让城市的空间和资源实现利用最大化，为市民的日常生活、工作提供便利和优质的服务，从而缓解人们在生活和工作中的各种压力，提升人民群众的幸福感。对此，共享城市的构建要从城市的不同功能入手，通过有针对性的规划，考虑相应的社会性、经济性、环保性，在促进共享社会发展的同时，协调生态环境的可持续和绿色发展；其次，共享城市是对共享经济的补充和拓展，其本质都是为群众提供公共设施，不同点在于共享城市侧重的是城市功能和资源的社会共享。共享城市不仅能够推动社会发展，也具备了较强的环保型，未来共享城市的规划建设将大大降低城市的能源消耗，极大改善城市的生态环境。

未来在构建城市功能共享体系中，仅仅依靠政府的力量是不够的，完善的共享城市构建，需要集多方之力，既需要政府的合理规划和政策制定，也需要相关企业大力支持；既需要互联网高科技的支撑，也需要社会民众的积极参与，共同协作推动共享城市体系的构建。

三、城市功能共享

共享城市想要发展，必须从城市的不同功能入手，通过推动城市不同功能的共享发展，并运用智慧城市建设经验，创建具有本地特色的城市功能共享体系，即"城市共享应用有机复合"。

城市属于多功能综合体，城市功能是推动城市发展的动力所在。《雅典宪章》中将城市功能划分为4种：居住、工作、游憩和交通。因此，在城市功能共享体系中，包含了多种应用类型，涵盖了城市生活多方领域，如共享居住、共享办公、共享休闲、共享交通、共享旅游、共享医疗、共享餐饮、共享金融等。

（一）共享居住

共享居住并不意味着可以共享所有的居住空间，除了卧室属于私有空间，其他空间均属于共享的范畴。在共享居住中，户型一般为集约型。居住者可以通过共享使用如客厅、厨房、阳台等空间，加强彼此之间的沟通和交流，大大提升居住者之间的归属感，有利于构建和谐的居住关系。在设计共享居住空间时，要分析社会人群和家庭成员的关系构造，既能满足共享的功能，又能保证必要的私密空间，重组有限空间的同时，又能实现居住空间的最大化利用。在住宅的布局上，也可以通过对不同功能的房间进行重组，或者是借助智能家居电器，使共享空间的利用更加多样化和便捷。

（二）共享办公

随着社会发展，人们办公形式不再拘泥于传统的固定办公场所，微型办公、分散办公、远程办公成为新的办公形式。其中，微型办公以较低成本、较高自由度等优点受到当代年轻创业者的追捧。随着越来越多人加入创业领域，微型办公成为一种流行的办公方式，在众多的公共空间，例如，咖啡厅、餐厅、商场出现了微型办公。众创空间正是城市共享办公功能的体现，它通过将互联网和房地产进行有机结合，把房地产空间以租赁和共享的形式提供给需要办公的创业人士，不仅能将客观存在的房地产资源进行有效利用，也为创业初期不具备较强经济实力的创业人才提供简单、高效的办公空间。因此，共享办公的功能不仅实现了房地产资源的最大化利用和共享，也为社会鼓励创业发展、激励创新创业贡献了力量。众创空间通过构建共享办公空间，既解决了创业者移动和分散办公的需求，也提升了办公的社交性和共享性，众多创业团队通过聚集在共享办公的空间里，加强了不同行业和领域的想法碰撞交流。此外，共享办公的空间一般选择在城市的老城区和老居住区，这有利于缓解新城区的压力，帮助城市空间资源的再分配和利用，实现了现存房产资源的最大化利用。

（三）共享休闲

20世纪30～70年代，西方发达国家进入工业社会向后工业社会的过渡时期，城市更新发展面临新的职能深化。马克思认为城市是"人化的自然"，它的诞生和建设是为了人的生存和发展需要，是"让生活更美好"。在1933年的《雅典宪章》中提出居住、工作、游憩和交通是城市的四大基本活动。它依据城市活动对城市土地使用进行划分，将休闲功能作为城市四大功能之一。城市休闲在城市发展历程中并非新兴功能，早在城市诞生之初就存在其原始形态——游憩功能。休闲活动是人们生活的重要方式之一，城市需要相应的休闲空间、设施和服务，来满足当地居民和外来游客的休闲需要，形成休闲供给能力。城市休闲公共空间是城市发展到较高阶段的产物，作为一个开放式区域，具有多功能、公益性的属性，主要服务于当地市民和游客，是实现城市共享功能的重要载体。

（四）共享交通

构建共享城市离不开共享交通，作为共享经济发展的先驱，共享交通是最典型和最具代表性的共享经济模式，也诞生了世界级的公司优步（Uber）和滴滴出行。借助飞速发展的互联网信息技术和移动终端，对城市中未被合理使用的交通资源进行再利用，不仅大大推动了城市交通出行方式的多样化发展，也为市民的日常交通出行提供了更多可行性的选择，极大地实现了交通服务的及时便捷性和高效性。未来发展共享交通功能，要加大对共享交通的合理规划建设，加强必要的提供与管理，加大对共享交通资源的利用。

| 第二节 |

城市公共休闲空间

一、城市休闲和旅游功能

（一）休闲与旅游

1.国民休闲时代的到来

随着社会的发展，生产力的进步，人们逐渐从劳动中解放出来，工作时间与休闲时间出现"历史性的倒转"，休闲成为一种大众化的生活方式。我国从1995年开始实行五天工作制，春节、五一、十一"黄金周"公共假期使人们有了更多闲暇时间开展休闲活动。

休闲作为一种新的社会现象，受到全社会的关注。1999年西方学者通过研究，认为在2015年左右，发达国家将进入"休闲时代"，休闲产业将成为发达国家主导产业。2006年杭州举办了世界休闲博览会，引发全国人民对休闲的关注。政府部门也日益重视休闲，2013年国务院发布了《国民旅游休闲纲要（2013—2020年）》，标志着我国国民休闲时代的到来。

2.休闲的新理解

关于"休闲"，虽然对其概念认同不统一，但是对其内涵的理解有一定的相似性，吴文清（2020年）认为"游憩行为是指以游玩、休憩为主要目的的人的行为方式"[27]；宋瑞（2006年）从时间、活动等方面阐释了对休闲的理解。休闲时间就是指"闲暇时间"，是当工作（包括有酬工作和无酬工作，后者如女性的家庭劳动）、生活、睡眠和其他基本需求得到满足以后可以自由使用的时间，不仅包括节假日、周末，也包括每日的自由时间。休闲活动涵盖内容广泛，包括能满足个人休憩游玩需求的所有活动，不仅指旅游活动[28]；所以人们的休闲包括体育健身运动休闲、文化娱乐休闲、旅游休闲。从旅游休闲学科的解释来看，人们的休闲既包括本地居民的休闲，也包括外地居民利用城际交通实现的异地休闲。人们离开自己常住地的异地休闲，就是现在人们所说的"旅游"。

3.休闲与旅游的结合发展

"休闲"和"旅游"是两个密切相关的概念，随着对休闲的新认识，休闲与旅游的关系也发生了变化。如图3-1所示，休闲活动可以分为本地休闲和异地休闲，旅游活动可以分为闲暇类旅游和非闲暇类旅游。两者重合部分既是休闲中的异地休闲，也是旅游中的闲暇类旅游，闲暇旅游的实质就是休闲旅游。根据《旅游抽样调查资料（2017）》和《世界旅游报告（2017）》数据显示，"闲暇类旅游"在旅游出行者中约占80%，表明不论在我国，还是在全世界，休闲旅游都是人们旅游出行的主体。

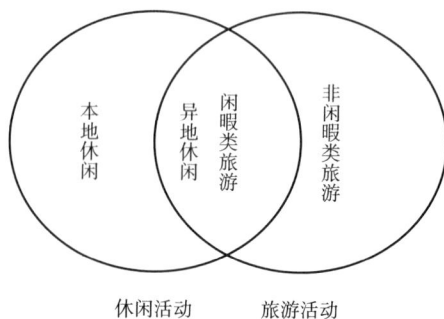

休闲活动　　　旅游活动

图3-1　休闲活动与旅游活动关系

在国民休闲的新时代里，休闲活动与旅游活动的结合是一个明显趋势，其主要表现在两个方面。

第一，休闲旅游已成为旅游消费的主要形式。随着消费升级以及休闲观念的改变，人们开始追求更美好的生活，康养度假、房车露营、体育旅游等休闲产品越来越受到人们喜爱。人们不但追求"有没有"旅游，而且更关注旅游的体验"好不好"。旅游不只是为了看风景、拍照片，更是为了放松身心，获得精神享受。休闲旅游就是将旅客的物质享受与文化休闲相结合，获得愉悦的心理体验和精神满足。

第二，旅游目的地休闲功能已逐渐实现主客共享。居民和游客的休闲需求日渐趋同。除了日常休闲，居民逐渐开启了本地游、微度假等本地休闲活动。游客也越来越多地深入居民日常生活场景中，体验本地休闲。居民和游客的休闲场景逐渐融合。旅游目的地在休闲旅游新场景开发中，既要考虑游客的需求，也要照顾居民的爱好，把目的地打造成主客共享的美好生活空间。

（二）城市休闲和旅游功能

1.城市的休闲和旅游功能需要综合提升

一座理想的现代城市，应当既是当地居民，也是外来游客心中理想的"宜居宜游"城市。在现代城市形成和优化的时候，休闲和旅游也成了城市服务的必备功能。

休闲和旅游越来越成为中国居民生活的重要组成部分，"旅游和休闲是人们的福利"，完善城市的休闲和旅游服务功能，增强城市休闲和旅游竞争力，不仅是当地居民和外来游客的愿望，也是人类城市发展的方向。

（1）发展休闲供给是解决当前美好生活供需矛盾的有效途径。"我国社会主要矛盾已经转化为人民日益增长的美好生活需要和不平衡不充分的发展之间的矛盾"，旅游供需主要矛盾突出体现在节假日旅游的拥堵问题上。形成节假日交通拥堵和目的地游客爆满的原因很多，除了"人口基数大""旅游供应不足"和"假日制度不完善"等因素外，休闲方式较单一也是主要原因之一。因此，增强休闲供给的多样化，引导居民休闲的多元化，是缓解节假日旅游拥堵问题的一个有效途径。

（2）创新旅游供给是解决后疫情时代游客需求变化的重要举措。2020年，受经济周期和收入预期的影响，中远程旅游市场的不确定性增加，城乡居民越来越重视短程旅游和本地休闲。近距离的出行、高频次的休闲、多场景的消费，成为2020年以来节假日旅游市场的显著特征。早市、早茶、垂钓、露营、近郊游等碎片化的旅游休闲需求需要分散式的供给。因此，旅游休闲业态的创新是解决游客需求变化的重要举措。

（3）实现主客共享是城市未来的发展方向。如果要满足人们休闲和旅游的多样化需求，就必须让休闲和旅游的环境、资源、设施与服务等都能够实现本地居民和外来旅游者的共享，让本地的公共服务供给和市场供给都能够有意识地考虑到当地居民与外来游客共同的需求。尤其随着游客广泛进入目的地居民的日常生活空间，各个城市都应该不断开拓出各式各样的休闲空间，增强休闲公共服务和市场供给的多元化，推进各种文化休闲的发展，培育多样的体育健身休闲（包括户外运动）爱好。实现当地居民与外来游客对环境、资源、设施与服务的共享，这是现代新型城市在未来的发展方向。

2.复合型城市休闲功能是现有休闲和旅游功能的整合

城市是"人化的自然"，它的诞生和建设是为了人的生存和发展需要，是"让生活更美好"。当前城市发展休闲，一方面，是为当地居民造福，改善和优化当地居民生活质量；另一方面，是在发展旅游。前文提到"在国民休闲的新时代里，休闲活动与旅游活动的结合是一个明显趋势""实现主客共享是城市未来的发展方向"。为城市居民创造美好舒适的生活环境是每个城市都具备的基础休闲功能，而旅游业的发展推动城市兴建了大量旅游设施以满足游客的需求，从而形成城市的旅游功能。随着休闲和旅游的融合，从全域旅游视角出发，城市未来将整合现有的休闲功能和旅游功能，着力打造复合型城市休闲新功能，以满足未来居民和游客高层次的休闲需求。

本书将未来的复合型城市休闲功能定义为"城市为满足居民和游客的高层次休闲需求，在城市公共休闲空间，生产和提供主客共享的休闲活动、休闲设施、休闲服务、休闲文化以及休闲管理等休闲要素的能力"。

二、城市公共休闲空间概念

城市化和休闲时代的到来，对城市公共休闲空间提出了更高的要求，不仅需要创造更多的空间来解决休闲旅游高峰时段过度拥堵等问题，还要求拓展多元化的空间功能，实现城市公共休闲空间的效用最大化，打造宜居、宜游的理想城市形态，提升居民和游客的幸福感。要做好城市公共休闲空间的打造，首先需要厘清公共空间、休闲空间和公共休闲空间等概念。

（一）城市公共空间

城市公共空间是现代社会文明和进步的标志，是城市生态系统的重要组成部分。公共空间强调的是其"公共性"，城市公共空间是城市中面向公众开放、供公众使用和进行各种活动的空间。吴必虎等（2003年）学者从空间的开放性来界定城市公共空间的范围，认为凡是可以用作城市居民日常生活和社会生活等公共交往活动的室外空间，例如，街道、广场、公园等，都属于城市公共空间[29]；周进（2005年）则将公共空间的范围扩大到所有可供人们日常生活与休闲娱乐活动的空间形态，既包括室外空间，如步行街、游乐场、水景等，也包括室内空间，如购物中心、博物馆、会展中心、体育馆等公共活动场所，即"Public Space"[30]；林章林（2016年）认为，从空间结构来看，还可以将城市公共空间分为狭义和广义两种，狭义的空间包括街道、广场、户外场地、公园、体育场所等公共开放空间，广义的空间可以扩大到城市中心、商业区、绿化带等公共设施用地[31]。研究者还关注城市公共空间内在的功能性，周进（2005年）[30]和杨保军（2006年）[32]等认为包含文化、旅游、休闲、娱乐等功能特性，因此，自然景观、道路绿地、公园广场、文化娱乐场所等都是城市公共空间的外在形式。尤其是随着休闲和旅游产业的不断发展，城市公共空间的休闲和旅游功能日益凸显，市民可以在这些不同类型的开放空间内开展文化娱乐、体育竞赛、运动休闲、观光游览、节日集会及人际交往等各类社会活动。

综上，城市公共空间不仅具有开放性和公共性的空间属性，还具有文化和休闲的功能属性。

（二）城市休闲空间

城市休闲空间是休闲活动的空间载体，休闲空间强调的是其"休闲功能"，城市中能够供人们开展各类休闲活动的地方都可认为是休闲空间。随着城市化和休闲产业的发展，休闲已成为人们日常生活的必需品，休闲空间在城市建设中成为越来越重要的部分，是人们美好生活的基础，学者们开始关注休闲空间的概念和类别。肖剑（2014年）认为城市休闲空间是指在城市建成区及周围都市圈范围内对市民开放的、能满足不同层次休闲活动要求，且经过一定人工作用的户外行为环境[33]。多样化的休闲需求使得休闲空间的规模和类型也呈现多元化。不同休闲活动对城市公共空间的要求不同，也对空间数量和规模提出了要求，首先，城市要有足够的公共空间作为市民进行休闲活动的场所；其次，根据休闲活动的外延，以及休闲空间的位置和使用频次，城市休闲空间规模从居民小区的公共空地，到社区公共场所，再到城市公园、广场等逐级放大，参与休闲活动的人数也逐级放大[31]。此外，不同城市的历史文化也会影响休闲空间的发展，休闲空间的打造要反映城市的历史风貌和文化特征，符合居民的精神和文化需求。

刘正坤（2017年）根据休闲空间的开放程度，居民在休闲空间中享有权利的不同程度，认为休闲空间有"公""私"的不同所有属性。再结合休闲活动在空间上的对应关系，认为城市休闲空间可以分为私人休闲空间和公共休闲空间两种主要形式。私人休闲空间主要指住宅，除了居住功能以外，也是家人进行休闲活动的场所[34]。公共休闲空间是指在城市范围内对城市内大多数人开放的、用于满足人们游玩、交往、休息、娱乐、运动等需求，以政府投资为主、非盈利性的具有一定公共设施的公共空间（赵仙鹤，2013年）[35]；马惠娣（2005年）认为休闲空间泛指人的消遣、游玩、社交的场所，分为自给性休闲空间、公共供给性休闲空间和商业性休闲空间[36]。

（三）城市公共休闲空间

人们的休闲旅游需求日益增长，休闲和旅游活动无法脱离空间而开展，城市公共休闲空间作为城市休闲和旅游的重要载体也日益受到关注。休闲和旅游活动的特点对城市公共空间提出了相应的要求，将休闲空间与公共空间叠加，就形成了"城市公共休闲空间"的概念，从而影响城市公共空间的变化与发展。

学者对城市公共休闲空间概念进行了不同的解读，宗彦（2014年）表示，城市公共休闲空间是政府为公众提供的、非营利性的、开放式的公共场所，为公众提供社交和娱乐，是举行各类户外活动的一种空间形式[37]；任波（2016年）认为，城市公共休闲空间是指面向公众开放的、具有一定规模的、非盈利性质的、经过有意识的规划和设计的公共环境[38]；范小金（2004年）认为，城市公共休闲空间是一种可以让人在自由时间内自发进行的、自我满足的活动场所，目的在于放松身心、缓解疲劳，通过观光、兴趣参与、随机交往等方式，实现自身发展的需求[39]；俞晟（2002年）则认为城市公共休闲空间是供人们停留、消费、娱乐和游玩的公共空间，强调人们使用时间上的相对自由、使用方式上的自愿以及愉悦身心的目的[40]。

综上，城市公共休闲空间就是一个为人们提供社交和休闲等功能的场所，城市公共休闲空间的使用主体主要包括当地居民和外来游客。因此，刘正坤（2017年）认为城市公共休闲空间是指为本地居民和外来游客提供社会交往、休闲、旅游、娱乐等功能的公众场所，是城市物质空间、休闲空间以及两者互动而形成的空间体[34]。

近年来，许多学者从不同视角对城市公共休闲空间进行了广泛的探索研究，分析其演化特征。高聪颖（2018年）的文章研究了宁波市民使用公共休闲空间状况[41]；张海霞、唐金辉（2019年）尝试探索公共休闲空间与社会幸福效应的关系[42]；李海建（2020年）以徐州市为例，对城市公共休闲空间的居民满意度进行研究[43]；李瑶（2021年）开始关注城市公共休闲空间的环境设计[44]；白莽祯（2015年）提出公共休闲服务系统，把休闲需求和休闲供给进行细化分类，并总结我国城市公共休闲空间存在以下主要问题：市场在公共休闲领域的供给失灵，公共休闲服务供给和管理职能分散，休闲资源配置不足、不均衡等[45]；李海建（2020年）则对居民对城市公共休闲空间的满意度进行了研究，并构建居民满意度评价体系，得出以下结论：居民体验期望值较高，而满意度不高，在此基础上建议从垃圾分类回收、厕所生态化建设、无障碍通道设置、公共休闲文化活动开展等方面进行改进，提高居民满意度[43]；徐冬等人（2018年）站在地理学角度对南京康娱休闲、文化休闲、自然休闲、专项休闲4类休闲旅游点的空间集聚特征进行兴趣点（POI）分析，结论显示集聚度为康娱休闲＞文化休闲＞专项休闲＞自然休闲[46]。人们对康娱休闲空间需求最强，公共休闲空间相对不足，文化休闲空间多集中在市区、分布较分散，在专项休闲中，产业休闲占重要地位并在空间分布上具有规模效应、空间集聚度较高，自然休憩聚集度最低，这是由于自然资源分布的限制。林章林（2016年）针对上海城市旅游公共休闲空间时空的演变总结出3条规律：①公共旅游休闲资源集聚效应明显；②城市公共旅游休闲资源功能存在叠加状况；③城市公共旅游休闲空间与居住空间相邻[31]。

总体而言，现有研究多侧重于城市公共休闲空间的空间规划与市民使用情况，较少关注城市公共休闲空间的主客共享。在全域旅游的热潮下，我国城市公共休闲空间的主客共享研究是一个不容忽视的话题。

三、城市公共休闲空间分类

（一）学术界关于城市公共休闲空间的分类

目前学术界关于城市公共休闲空间类型还未形成统一的划分标准，不同学者根据不同标准进行了分类。主要包括：①按服务的对象，可分为为当地居民、为外来游客，为居民和游客服务三类；②按活动的性质，可分为日常休闲类、旅游类、体育健身类、文化娱乐类和其他类型；③按空间的形态，物质形态纬度可分为面状、块状、线状休闲空间，行为空间纬度可分为平面空间（步行道、休闲广场、图书馆等）和立体空间（爬山、跳伞、潜水、海底观光探险等）；④按服务的范围，由大到小可分为城市休闲空间、社区休闲空间、室内休闲空间；⑤按地理的区位，可分为市区休闲空间、郊区休闲空间、城市边缘地带休闲空间[47]。具体发类如表3-5所示。学者们从各个纬度对城市公共休闲空间类型进行了研究，主要包括休闲空间的空间结构、空间服务、空间效益，服务对象以及休闲空间的形态特征、服务功能等方面。部分学者还从休闲空间的使用频率、发展阶段、功能专一性等方面进行研究。不同学者按照不同的分类标准形成了不同的城市公共休闲空间分类体系。

表3-5　学术界关于城市休闲空间分类分析表[34]

分类对象	分类依据	分类方法
空间本身层面	空间类型	绿地、交通广场、商业游憩空间、娱乐游憩空间、运动健身空间、文博宗教游憩空间、工业游憩空间、社区、水域和其他游憩空间（金世胜）
	空间格局	点状、线状和面状休闲空间
	空间功能	运动健身、儿童娱乐、游憩园地、餐饮食宿、消费购物等（郭风华、郭顺通等）
	空间规模	小区级、社区级、城区级、城市级四类休闲空间（王洪蕾）
	空间封闭/开放程度	公共空间（如城市公园、广场）、半公共空间（社区等）、隐蔽游憩空间（居室等）（秦学）
空间服务、效益方面	商业化程度	公益性绿地休闲空间、半商业化绿地空间、商业化绿地空间
	服务半径	家庭休闲空间、社区休闲空间、城乡休闲空间、产业休闲空间、特殊休闲空间等（张建）
		家庭内休闲空间、社区休闲空间、市区休闲空间、市郊休闲空间等
	服务功能	旅游景区（点）、滨海、商业游憩场所、城市广场、文娱体育场所等（徐培）
		城市广场、公园、绿地、商业休闲场所、文体场所、旅游景区（点）、滨水、旌阁观景道和其他休闲空间（王文娟）
	经营主体	公共型、商业型、附属型休闲空间（王润、刘家明）
	消费角度	公益性、经营性空间
	空间、利益归属	私人和公共休闲空间（公共文化、体育场馆、商业性休闲服务场所等）（徐明宏）
		自给型、公共供给型、商业型空间（马惠娣）
	核心构成	社区休闲空间、大众休闲空间、旅游休闲空间（杨振之）

续表

分类对象	分类依据	分类方法
消费者（市民）层面	服务对象	服务外来游客的休闲空间、服务本地市民的休闲空间、服务外来游客和本地居民的休闲空间
	服务属性	城市绿地休闲空间分为 2 个服务组、5 个主类、21 个干类、19 个之类（吴必虎、董莉娜）
	休闲意愿	主动式休闲空间和被动式休闲空间
其他维度	空间形态	城市的休闲物质空间和市民的休闲行为空间（殷小林）
	发展阶段	传统休闲空间（广场、公园、绿地等）；新型休闲空间（RBD、旅游商务区、新型特色休闲社区）（郭旭、郭恩章等）
	使用频率	日常休闲空间、周末休闲空间、节假日休闲空间
	功能专一性	专门性绿地休闲空间与非专门性绿地休闲空间

　　吴必虎（2003年）根据服务对象的不同，构建了"城市公共游憩空间分类系统"[29]，并根据游憩空间的不同使用者分为面向本地居民的和同时面向外来旅游者及当地居民的两大类。面向本地居民的城市公共游憩空间包括：城市公园、道路及沿街绿地与环境设施、大型城市绿地、文娱体育设施、半公共游憩空间；面向外来旅游者及当地居民的城市公共游憩空间包括：城市步行空间，城市滨水游憩空间，文博教育空间，商业游憩空间与商业设施，城市特色建筑、构建物，旅游景区（点）及设施（表3-6）。

表3-6　城市公共游憩空间分类系统

服务组	主类	干类	支类
面向本地居民	城市公园	市、区级综合性公园 居住区公园 动物园 植物园 儿童公园 其他专类公园	市级公园、区级公园 体育公园、交通公园、雕塑公园、盆景公园、专类植物园
	道路及沿街绿地与环境设施	沿街小游园 道路红线内绿地 街旁绿地及设施	
	大型城市绿地	环城绿带（游憩带） 郊野公园 市内大型绿地 公墓陵园	

续表

服务组	主类	干类	支类
面向本地居民	文娱体育设施	文化娱乐场所	工人文化宫、劳动人民文化宫、工人俱乐部、民族文化宫、青少年宫、地区文化馆、社会公益活动机构
		艺术剧场	多功能剧场、歌舞剧场、话剧院、音乐厅、杂技厅、电影院
		体育场馆	
	半公共游憩空间	小区游憩空间	宅旁绿地、邻里游憩园、儿童游戏场、小区体育运动设施
		单位内部游憩空间	
面向外来游客及本地居民	城市步行空间	城市广场	交通集散广场、市政广场、市民广场、纪念性广场
		步行街	商业步行街、步行林荫道
	城市滨水游憩空间	滨海游憩区 滨湖游憩区 滨江、河游憩区	
	文博教育空间	博物馆 展览馆 美术、艺术馆	
	商业游憩空间与商业设施	城市商务中心区 城市特色商业街区 食宿娱乐场所	
	城市特色建筑、构筑物	建筑综合体（群） 独立建筑	
	旅游景区（点）及设施	城市旅游公园	主题公园、名胜公园、野生动物园、水族馆（海洋公园）、观光农业园、游乐园历史地段（街区）、纪念地、遗址
		城市史迹旅游地 城市风景名胜区 旅游度假区（休疗养区） 宗教寺观 高尔夫球场	

（二）行业部门关于城市公共休闲空间的分类

各行业主管部门根据各部门的管理需要，对城市公共休闲空间的分类进行了研究和归类。2011年，中华人民共和国住房和城乡建设部发布了《城市用地分类与规划建设用地标准》（GB 50137—2011），将城市建设用地分为8个大类、35个中类、44个小类。文件中虽然没有专门划分城市公共休闲空间用地，但在居住用地、公共管理和公共服务设施以及广场、商业服务设施等类别中包括了城市公共休闲空间的用地类型，也涵盖了城市公共休闲空间所具有的多重功能。住房和城乡建设部有关城市公共休闲空间的分类如表3-7所示。

表3-7　住房和城乡建设部关于城市休闲空间分类分析表

大类	中类	小类	内容
R 居住 用地	R1 一类居住用地，R2 二类居住用地，R3 三类居住用地	住宅用地	小游园等用地
		服务设施用地	文化、体育商业等设施用地
A 公共管理与公共服务用地	A2 文化设施用地	A21 图书展览设施用地	公共图书馆、博物馆、科技馆、纪念馆、美术馆、展览馆等用地
		A22 文化设施用地	综合文化活动中心、文化馆、青少年宫等设施用地
	A3 教育科研用地		学校附属设施用地
	A4 体育用地	A41 休闲场馆用地	室内外体育运动场地、各类球场等用地
	A6 社会福利设施用地		社会福利、慈善服务等附属设施用地
	A7 文物古迹用地		古遗址、古建筑等用地
	A9 宗教设施用地		宗教活动用地
B 商业服务业设施用地	B1 商业设施用地	B11 零售商业用地	商场、超市等用地
		B13 餐饮用地	餐厅、酒吧等用地
		B14 旅馆用地	宾馆、服务型公寓、度假村等
	B3 娱乐康体用地	B31 娱乐用地	剧院、音乐厅、电影院等
		B32 康体用地	高尔夫、射击场等部分用地
	B9 其他服务设施用地		业余学校、其他公共设施具备的辅助场所用地
G 绿地与广场用地	G1 公园用地		公众开放，游憩为主要功能的场所用地
	G2 防护用地		城市组团隔离带、道路防绿带等
	G3 广场用地		游憩、纪念、集会、避险为主的场所

（三）国家城市公共休闲空间相关标准

休闲空间是居民与游客休闲活动的主要发生地和承载地，加强休闲空间建设，特别是公共休闲空间的建设是满足人们美好生活的基本保障。

国家标准化管理委员会于2014年9月3日发布了GB/T 31171—2014《城市公共休闲空间分类与要求》，并于2015年1月1日正式实施，这是国内首个对休闲空间进行规范的标准。《城市公共休闲空间分类与要求》根据休闲维度的不同对城市公共休闲空间的类型进行划分。根据朱莉蓉、胡安明（2014年）的解读，城市公共休闲空间分为综合型公共休闲空间（comprehensive public leisure space）和专项公共休闲空间（special public leisure space）[48]。综合型公共休闲空间是以集合多个专项休闲功能为主要特色，包含中央休闲区、公园、城市广场、休闲商业区、滨水休闲区、社区休闲中心等基本类型；专项公共休闲空间是以某一种或某一类休闲功能为主要特色，包含运动场馆、文化场馆、休闲步道、自行车道、特色市场、青少年活动中心、老年活动中心、休闲水域、特殊场所等基本类型。具体分类如表3-8所示。

表3-8　国家标准化管理委员会关于城市休闲空间分类分析表

一类	二类	内容
综合型公共休闲空间	中央休闲区	体现地域文化特征，以休闲娱乐功能为主，具有相对明确的区域边界、相应的管理机构和较大的规模，有足够的免费公共空间，享有较高知名度，具有鲜明的形象，对当地居民和外来游客有较强聚集效应的公共活动区域
	公园	用地范围明确、生态环境和设施齐全的绿地空间
	城市广场	位于城市建成区，具有较大公共活动空间，供人们游憩休闲的场地
	休闲商业区	具有一定规模，文化娱乐，商品零售、餐饮等服务网点集中的区域
	滨水休闲区	产业集中、休闲服务与产品丰富、环境良好的特殊区域
	社区休闲中心	满足社区成员或来访者休闲需要的场所、设施、设备和服务构成的综合体

续表

一类	二类	内容
专项公共休闲空间	运动场馆	开展运动训练、比赛、休闲健身等活动的场所
	文化场馆	满足审美、教育、自我激励等休闲精神需求的设施和场所
	休闲步道	专供步行使用的道路
	自行车道	自成体系的专供自行车通行的道路
	特色市场	满足人们特定的文化、爱好等活动的专门市场
	青少年活动中心	面向青少年的校外文体活动和培训辅导场所
	老年活动中心	面向老年人的文体活动和培训辅导场所
	休闲水域	依托水体形成的开放性休闲活动空间
	特殊场所	在特定时间向公众开放的特殊公共区域

在这些基本类型中，社区休闲中心、青少年活动中心、老年活动中心、特殊场所4类公共休闲空间的主要使用者是当地居民，难以实现主客共享，因此，本书将排除这4类空间。

（四）城市公共休闲空间分类

本书参考《休闲标准基础概念体系表（草案）》《城市用地分类与规划建设用地标准》（GB 50137—2011）、《城市公共休闲空间分类与要求》（GB/T 31171—2014）、《休闲咨询服务规范》（GB/T 31176—2014）等相关部门、行业关于城市休闲空间，尤其是城市公共休闲空间的标准，结合休闲活动的类别（体育健身运动休闲、文化娱乐休闲、旅游休闲）和主客共享的特点，将城市公共休闲空间分为7个主类，16个亚类（表3-9）。

表3-9　城市公共休闲空间分类表

主类	亚类	内容与范围
城市公园绿地	综合公园	市区级综合性公园
	专类公园	动物园、植物园、儿童公园、带状公园、其他专类公园
城市广场	综合广场	市级大型广场
	专类广场	市政广场、市民广场、纪念性广场

续表

主类	亚类	内容与范围
滨水休闲区	滨海休闲区	与海域相连的具有游憩功能的区域
	滨湖休闲区	与湖泊相连的具有游憩功能的区域
	滨江河休闲区	与江河相连的具有游憩功能的区域
商业休闲区	步行街	文化街区、历史街区、商业街区
	购物中心	向消费者提供综合性服务的商业集合体
	特色市场	满足人们特定的文化、爱好等活动的专门市场
体育休闲空间	运动场馆	体育馆、球类场馆、比赛中心
	休闲步道	专供步行使用的道路，绿道、慢道
	自行车道	自成体系的专供自行车通行的道路
文化休闲空间	文博场馆	博物馆、图书馆、科技馆、美术馆、展览馆
	演艺场馆	歌舞剧场、电影院、音乐厅
旅游景区（点）	A级旅游景区	AAAAA、AAAA、AAA、AA、A级旅游景区

1.城市公园绿地

本书中的城市公园绿地是指主要由当地政府投资建设，市、区政府相应部门管理的、开放的绿地空间，具有满足市民日常的休闲、健身、交往、娱乐等功能。

《城市绿地分类标准》按照公园绿地的规模和性质将城市公园绿地分为3个大类、13个小类（表3-10）。

表3-10　城市公园绿地分类

大类	小类	内容与范围		备注
综合公园		内容丰富、有相应设施，适合公众开展各类户外活动的规模较大的绿地		
	全市性公园	为全市居民服务，活动内容丰富、设施完善		服务半径：2 ~ 3km
	区域性公园	为市区一定区域的居民服务，具有较丰富的活动内容、设施较完善		服务半径：1 ~ 1.5km
社区公园		为一定居住用地范围的居民服务，具有一定活动内容和设施的集中绿地		不包括居住组团绿地

续表

大类	小类	内容与范围	备注
社区公园	居住区公园	服务于一个居住区的居民，具有一定活动内容和设施，为居住区配套建设的集中绿地	服务半径：0.5～1km
	小区游园	为一个居住小区的居民服务，配套建设的集中绿地	服务半径：0.3～0.5km
专类公园		具有特定内容或形式，有一定游憩功能的公园绿地	
	儿童公园	单独设置，为少年儿童提供游戏及开展科普、文体活动，有安全、完善设施的公园绿地	
	动物园	在人工饲养条件下，移地保护野生动物，供观赏、普及科学知识，进行科学研究和动物繁育，并具有良好设施公园绿地	
	植物园	进行植物科学研究和引种驯化，并供观赏、游憩即开展科普活动的公园绿地	
	历史名园	历史悠久、知名度高，体现传统造园艺术并被审定为文物保护单位的园林	
	风景名胜公园	位于城市建设用地范围内，以文物古迹、风景名胜点（区）为主形成的具有城市公园功能的绿地	
	游乐园	具有大型游乐设施，单独设置，生态环境较好的公园绿地	
	其他专类公园	除以上各种专类公园外的具有特定主体内容的公园绿地，如雕塑园、盆景园、体育公园、纪念性公园等	
	带状公园	沿城市道路、城墙、水滨等，具有一定游憩设施的狭长形公园绿地	
	街旁绿地	位于城市道路用地之外，相对独立的绿地	

社区公园的主要功能是改善居住环境，供居民日常户外活动（休憩、游戏、健身、交流等），属于一种"半私有化"的城市公共空间，它是属于社区内的居民公有的空间，难以实现主客共享。因此，本书未将社区公园列入分类表中。

2.城市广场

广场是城市最重要的公共空间之一，不仅是公众休闲娱乐的场所，也是城市形象的代表。城市广场周边一般会设置配套的文化娱乐设施、商业设施、市政设施、办公设施等。广场一般分为礼仪性市政广场、文化纪念广场、娱乐休闲广场、商业广场、体育广场等，都具备一定的休闲功能。本书根据广场的规模和功能，将其分为综合广场和分类广场。

3.滨水休闲区

城市滨水休闲区属于带状空间，它是水域与陆域相接的一定范围的带状区域，城市滨水带具有理想的自然环境，视野开阔且交通便利，成为旅游和户外休闲活动的理想场所，具有极高的休闲价值。本书根据毗邻水体性质不同将滨水休闲区分为滨海、滨湖、滨江河3类。

4.商业休闲区

本书中的商业休闲区包括步行街、购物中心和特色市场。城市的步行街道是城市居民生活中心之一，也是城市公共空间的一个重要组成部分，本书中的步行街包括三种类型：一是文化街区，该类型步行街道主要倡导文化品位的休闲活动方式；二是历史街区，该类型步行街拥有大量的历史遗存和历史文化积淀，休闲活动一般是观光，访古探幽；三是商业街区，该类型步行街道开发注重商业效益，消遣娱乐是其主要的休闲功能。购物中心是指多种零售店铺、服务设施集中在一个建筑物或一个区域内，向消费者提供综合性服务的商业集合体。特色市场是指满足人们特定的文化、爱好等活动的专门市场。

5.体育休闲空间

袁继芳，陈建国（2021年）认为城市体育休闲空间是指对公众开放的，具有一定公共服务设施，主要用来满足人们运动、休闲、健身等需求的场所[49]。根据空间的功能属性可分为专门性体育休闲空间和非专门性体育休闲空间。专门性体育休闲空间是指专门为城市居民提供休闲活动的公共健身场所，通常包括大型的体育场馆、全民健身中心等；非专门性体育休闲空间是指主要目的不是专门为居民提供体育休闲活动的场所，但通常也具备体育休闲健身功能，如广场、公园、绿道、自行车道等。本书中的体育休闲空间是指对所有人开放的，包括公共体育场地、运动场馆、绿道、自行车道等体育休闲活动场所。

6.文化休闲空间

一个充满活力和持久魅力的城市，不仅在于有一个物质生活空间，更重要的在于提供一个人性化、多样化、多层次的文化生活空间。本书中的文化休闲空间是指为市民提供文化娱乐活动的场所和设施，主要形式包括文博场馆，如博物馆、图书馆、科技馆、美术馆、展览馆等；演艺场馆，如歌舞剧场、电影院、音乐厅等。

7.旅游景区（点）

旅游景区（点）是以旅游及其相关活动为主要功能或主要功能之一的空间或地域。本书中的旅游景区（点）指城市中具有一定吸引力的旅游景区、景点和设施，主要包括国家A级及以上的旅游景区。

| 第三节 |

全域旅游目的地城市公共休闲空间的主客共享

一、主客共享成为全域旅游目的地发展的重点

（一）"主客共享"概念的提出

"主客共享"这个词在我国最早出现在2013年3月辽宁构建智慧旅游体系的对策当中；2014年章月影在专访中也提出要将鹿城建设成为一个宜居宜游宜商、主客共享之地；2015年8月，国家旅游局（现为文化和旅游部）围绕全域旅游提出了全新的市场观：主客共享的休闲目的地。在政策的推动和市场的发展下，许多地区纷纷开始打造主客共享型城市，但由于理论不够成熟，没有可

借鉴的成功案例，发展状况不佳。

"主客共享"中的"主"指的是当地居民，"客"指的是外来游客，当地居民和外来游客之间不再是对立的关系，他们的身份也经常互换，在休闲旅游中共建共享城市，共同享受旅游资源。"主客共享"理念打破了"居民—游客"的二元思维，传统"居民—游客"二元空间边界也逐渐模糊，主客逐渐形成和谐共存的共享新关系。

（二）主客共享研究现状

国外对主客共享的研究较早，其起源于20世纪80年代对于主客关系的研究，研究重点主要放在主客间情感与利益的矛盾上。埃米尔·涂尔干（Emile Durkheim）认为主客共享的情感一致性层面主要包括了共享信念、共享行为、人际交互三个元素[50]；古尔索和卡亚（Gursoy，Kayat）从"社会交换理论"的角度对主客共享进行研究，得出"主客共享水平受旅游业为当地带来的收益与成本的影响"这一结论。近年来，国外的研究集中于更为细节的层面，李家恒（Carmen Kar Hang Lee）着眼于住宿业，探究在共享住宿行业如何提高消费者满意度的问题，也提及在主客共享方面面临的一些现实问题。

我国学术界关于旅游目的地主客关系的研究较多，但是有关主客共享的研究起步较晚，仅在最近5年内有较大的增长，尚有较大的发展空间。在旅游行业应用"主客共享"理念处于起步阶段，之前较常用于城市治理与建设领域，从宏观方面进行应用。目前我国对于"主客共享"的研究集中于旅游市场现状分析。刘晶晶等（2021年）认为休闲与旅游不再是泾渭分明的两个概念，居民与游客的身份经常互相转换，这是主客共享在现阶段的最主要表现形式，也恰恰体现出我国处于主客共享的初级阶段[51]；陈业玮、龚水燕（2020年）着眼于未来的发展方向，认为目前我国学者的研究主要集中于主客内在矛盾的方面，未来的研究应着重于主客间的共享行为，主要可以分为3个层面的共享：主客信念共享、主客行为共享、主客互动共享[52]。同时，他们将旅游目的地的"主客共享"分为游客的体验感知和居民的利益权衡两个维度，为之后的研究开辟了新的研究层面；朱振华（2023年）等从空间角度阐释了主客共享的内涵，指出当地居民日常生活、生产与休闲空间，也是游客的旅游休闲空间，主客双方的空间共享，就是当地居民与游客对于乡村空间中物质资源的共同利用[53]。城市旅游发展的食、住、行、游、购、娱这六大要素，不仅外来游客需要享用，与当地居民的生活也休戚相关，城市旅游服务建设为游客提供优质的旅游服务质量，也为本地居民提供一个良好的公共休闲场所；陈业玮、龚水燕（2020年）认为旅游目的地的主客共享是指在旅游目的地的两个利益相关方，即"主"（居民）和"客"（游客）共同分享目的地的生产、生活场景，实现经济、社会、文化利益的平等，合作共赢。旅游目的地主客共享的两个维度：①游客的体验感知，②居民的利益权衡[52]；李纳（2021年）从旅游资源的使用者方面入手，认为打造"主客共享"的旅游应该避免客源只局限于外地游客，也要将本地居民囊括其中[54]；陈业玮和龚水燕（2020年）[52]以及李罗娜（2020年）[55]。则是从游客和居民双方的利益权衡方面入手，认为"主客共享"需要让居民和游客双方经济、社会和文化等方面实现利益均衡和合作共赢，满足两者的双重需求，促进各种旅游资源的共用和共享。以上几位学者都是从游客和居民的利益及相关需求的角度出发，对"主客共享"这一概念做出相关的界定。而詹雪（2020年）则在其中加入了对相关设施的看法，认为"主客共享"应该在以人为本的基础上，对既有的物质环境和服务设施等进行一定的改造，在为游客提供相对优质服务的同时，也为本地居民提供良好的生活休闲空间[56]。

综上所述，现阶段关于主客共享的相关研究更多集中于理论层面，一些具有针对性的研究成果也集中于住宿业的主客共享，关于公共服务设施领域，尤其是城市公共休闲空间的研究较少。

（三）主客共享是旅游产业发展的必然趋势

随着移动互联网的普及，信息交流的便捷拉近了人们彼此间的距离。交通的高速发展改变了人们的生活方式。随着经济的发展和人们生活方式的变化，人员流动使城市的人口结构发生了变化，城市新增了很多来自各地的新居民。

居民和游客的休闲、旅游行为特征日益趋同，城市公共休闲空间与旅游景区的划分也越来越模糊。主客共享已经是城市旅游业发展的趋势。基于"主客分异"到"主客共享"的转变，旅游城市的发展不再仅靠行政机关对行政相对人的管理行为，而是形成政府、行业组织、企业、居民、游客等多元主体在同一空间内呈现共生、共建、共治、共享的局面。国际旅游发展经验给了我们启发，旅游目的地的建设要以高品质的生活方式和文化地标承载人类文明演化的共同价值。这样的旅游目的地能吸引游客，也能留住居民。

2018年3月，国务院办公厅出台《关于促进全域旅游发展的指导意见》，代表着我国旅游业正式进入全域旅游时代，也说明居民和游客之间的关系发生了较大的转变，脱离了非此即彼的关系，当地旅游业的主要客源也不再仅限于外来的游客，也包括了有休闲需求的居民。为了彻底贯彻《"十四五"旅游业发展规划》，2018年11月，文化和旅游部发布《关于提高假日及高峰期旅游供给品质的指导意见》，提出要注重统筹社会各界的资源，打造主客共享的旅游公共服务体系；2021年6月4日，《"十四五"文化和旅游发展规划》正式发布，进一步确定了我国发展文化和旅游业的方向，提出提高我国旅游业发展质量的重点是培育主客共享美好生活新空间。

曲玉镜（2014年）阐释了如何打造主客共享，认为在城市成为目的地和吸引物之后，城市的公共服务设施和交通通勤服务将成为城市主客共享的主要内容，并提出以"居游一体、主客共享"来进行基础设施和服务配套提升建设，以游线组织来缓解城市交通压力，全面整合城市空间布局，提升城市发展水平的主客共享发展策略[2]；李庆雷（2015年）提出了"主客共享"的理论，即通过对客流时空管理，策划主客互动项目，建立智慧旅游平台等方面，充分兼顾城市居民的休闲与体验的双重需要，从而实现主客共享[3]。

二、城市公共休闲空间是主客共享的重要载体

《国民旅游休闲纲要（2013—2020）》提出"加强城市休闲公园、休闲街

区、环城市游憩带、特色旅游村镇建设，营造居民休闲空间"。休闲活动能让使人们身心放松、改善身心健康，多元化、新颖的休闲形式对休闲场所的发展起到了促进作用，公共休闲活动的参与者可以分为城市居民和外来游客两大主体，城市公共休闲空间已成为居民和游客进行休闲旅游活动的重要载体。

随着全域旅游的推进，居民和游客的休闲需求日渐趋同，除了日常休闲，居民开启了本地游、微度假等本地休闲活动，游客也越来越多地深入居民日常生活场景，体验本地休闲。居民和游客的休闲场景逐渐融合，正如下之琳的《断章》所述："你站在桥上看风景，看风景人在楼上看你"，城市公共休闲空间已成主客共享的新空间。刘晶晶（2021年）从与旅游相互促进的角度，提出公共休闲空间既是旅游发展的载体，也是城市社会生活的"容器"[51]。公共休闲空间中社会生活既是居民的日常生活场景，又是游客感兴趣的内容，两者相互作用。一方面，公共休闲空间旅游要素的丰富增强了旅游吸引力；另一方面，随着城市建设的加快、配套设施的完善以及环境的优化，城市公共休闲空间形成丰富的吸引力要素，同时吸引着居民与游客，逐渐形成旅游目的地与客源地叠加、统一。

全域旅游的核心是重新整合旅游资源，在空间上、板块上形成特色各异的旅游产品或业态集群。而使旅游常态化的路径之一就是发展当地休闲产业，主客共享能使当地休闲空间最大限度实现其功能和价值。休闲产业是一定群居空间范围内衍生出的精神产业，休闲空间是居民与游客休闲活动的主要发生地和承载地。其休闲空间的发展，不仅可以完善城市的职能，培育城市功能，还能带动当地旅游业，吸引更多外来游客。休闲产品既是旅游的基本需求，又是当地居民享受生活、放松身心、聚会娱乐的必需品，因此必须加强休闲空间建设，特别是公共休闲空间的建设，提升公众生活质量。

城市公共休闲空间由硬件和软件组成，硬件包括城市基础设施、安保支撑系统等，软件则由相关制度法规、城市文化等构成，在城市共享空间内存在着不同主体。在硬件上，黄芸璟、彭震宇（2021年）从城市空间资源角度谈共享，认为高品质的城市发展需要完善的公共服务设施配置，因此资源的分时共享和功能复合利用成为发展趋势[57]；在软件上，王九位（2010年）提出旅游目的地信息共享交叉模式的整合模型来协调各方利益主体，达到多方主体在交互关系中高效办事的目的[58]。上述文献在城市公共休闲空间的资源利用和协调主客方面存在借鉴意义。

三、全域旅游目的地城市主客共享的新公共休闲空间

随着大众旅游全面发展新阶段和小康旅游新时代的到来，旅游景区和市民休闲空间的边界日渐模糊，那些面向本地居民休闲的公园、游乐场、历史文化街区、购物休闲中心、公共文化设施和夜间消费积聚区，都成为吸引游客到访的非典型景区。游客不断进入目的地居民生活休闲空间的同时，城乡居民也受益于交通基础设施和公共服务的完善而广泛进入传统的旅游空间。从城市公园、郊野公园、国家公园、国家文化公园到主题乐园、休闲街区和度假区，越来越多的国土空间、文化场馆和休闲场景开始构建起类型更为多样、谱系更加多元的泛旅游景区体系。

中国旅游研究院（文化和旅游部数据中心）专项调查显示：2022年元旦、春节、清明、五一、端午游客的出游半径分别为110.3千米、131.8千米、95.0千米、99.6千米和107.9千米，目的地游憩半径分别为8.7千米、8.3千米、4.9千米、6千米和7.3千米。而2019年，游客出游半径和目的地游憩半径分别为270千米和15千米。在出行距离缩短的同时，休闲的频次明显提升，消费场景趋于多元，旅游休闲活动可以发生在社区花园、城市绿地，可以在城市公园、郊野公园、国家公园等一切有风景的开阔开放空间，也可以发生在餐馆、酒吧、咖啡馆、购物中心、菜市场、酒店与民宿等商业环境，还可以发生在图书馆、文化馆、博物馆、美术馆、电影院、音乐厅和戏剧场等文化空间。

在融合风景与场景的同时，也为景区创新和目的地建设提供了全新空间和无限可能。游客对当地生活环境、生活方式的深度体验，对旅游休闲资源的再

定义，深化了旅游景区的内涵，拓展了旅游景区的外延。个性化、品质化、多样化的旅游消费需求，将旅游景区带到一个更加广阔的发展空间。随着游客广泛进入目的地居民的日常生活空间，旅游景区乃至旅游产业的边界正处于消失和重构的进程中，由需求侧来定义旅游景区将成为不可逆的趋势。为适应新发展阶段的变化，旅游景区要更加强调游客视角，目的地建设要更加重视需求导向和市场思维。

第四章

厦门城市公共休闲空间与
主客共享的耦合研究

目前，学术界鲜有涉及城市公共休闲空间主客共享的研究，尤其缺乏对两者关系的定量分析。本书在供给侧结构性改革的背景下，引入物理学中的耦合理论，基于供需协调视角构建了城市主客休闲旅游供需系统的耦合协调评价指标体系，对城市主客休闲旅游供需系统进行深层次的剖析，运用耦合协调模型探索厦门主客休闲旅游需求和城市公共休闲空间供给系统的耦合协调关系及其结构特征，探究城市公共休闲空间主客共享的现状和发展演变规律，为厦门全域旅游主客共享的发展和优化提供借鉴，促进旅游供给侧结构性改革的发展。

| 第一节 |

理论基础

一、耦合理论

（一）"耦合"概念

"耦合"概念源自物理学，是指两个及两个以上系统或系统要素之间通过相互作用、彼此影响，从而促进各系统由无序走向有序的过程[59]，揭示系统（要素）间的关联性。社会经济研究中经常运用耦合理论来分析两个及两个以上具有因果关系的系统之间的相互作用关系。当系统之间或要素之间相互促进，共同演变时，会形成一个新系统，达到系统耦合，这叫正效耦合；反之，两者彼此消耗，相悖发展，系统会走向衰退，这叫负效耦合。系统间通过彼此作用与影响形成一个新系统后，功能与结构会发生相应变化，提高系统耦合生产潜力。各系统或系统要素间相互影响的程度可以用耦合度表示，耦合度越高，表明系统间的联系越多，耦合性越强。

（二）耦合协调

协调是两个及两个以上系统或系统要素之间相互促进，共同演变，形成的一种良性关系，或者说各系统间由无序走向有序。耦合协调度是反映系统或系统要素之间在发展过程中的协调一致情况，耦合协调度越高，表明各系统或系统要素间处于协调发展阶段。耦合度反映的是系统间相互作用和影响的强弱程度，而耦合协调度则反映系统间协调状况好坏的程度。国内外学者将耦合分析广泛应用于城市化、农业、生态环境等方面。近年来，耦合研究方法也开始在旅游领域得到运用，主要集中在旅游经济方面。

二、旅游供需理论

旅游系统是一个庞大的系统，古恩（Gunn，2002年）的研究认为旅游系统由旅游供给和旅游需求两部分构成[60]。旅游需求一般指具有旅游消费能力和欲望的消费者群体对旅游产品的需求量，外在体现是旅游流。旅游供给是提供满足旅游消费需求的旅游目的地的相关产业的总称，一般指旅游六要素（食、住、行、游、购、娱）。随着旅游业快速发展，出现旅游供给结构不合理，旅游供需在数量上出现不平衡，旅游旺季供不应求、淡季供过于求等矛盾。旅游需求和旅游供给对立统一关系构成了旅游经济活动的基本内容。旅游供给与需求保持动态平衡是旅游目的地持续发展的前提和保障。因此，旅游供需关系研究一直是旅游研究的焦点，学者们偏重旅游供给或旅游需求的单纬度研究，较少将旅游供给与旅游需求系统相结合，综合考虑两系统间的互动关系。在供给侧改革背景下，协调好旅游供给与旅游需求两个系统是实现人民美好生活的关键问题。

三、旅游供需耦合协调

旅游供给与需求要保持动态平衡，就必须深度剖析两者之间的相互作用关系。旅游供需系统之间具有明显的耦合特征，因此，可以借鉴物理学领域的耦合模型来分析两者之间的相互协调情况。近来，学者们开始尝试依托耦合模型探讨旅游供需关系。耦合理论广泛运用于旅游系统的关系研究中，当前研究主要集中在以下几个方面：一是旅游需求与旅游供给子系统的耦合，例如，王兆峰和李晓静（2011年）以张家界为案例地，分析了张家界旅游流与交通的互动关系[61]；董亚娟（2013年）等探讨了城市入境旅游流与旅游目的地环境供给子系统的耦合协调关系[62]。二是旅游需求与旅游目的地公共服务的耦合，吴倩倩（2017年）等以平潭岛为例，构建了旅游流与公共服务供给的综合评价指标，探究了二者的耦合协调关系[63]。三是旅游需求与旅游目的地资源的耦合，张琰飞（2014年）等构建了西南地区旅游流与文化演艺的耦合协调模型，发现两者的耦合度较低[64]。

四、城市主客休闲旅游供需耦合协调机理

充足的国民休闲和旅游空间、完善的休闲和旅游设施，是城市休闲和旅游竞争力的重要内容和发展基础。一个城市是否具有良好的休闲和旅游空间为当地居民和外来游客开展休闲和旅游提供活动场地，实际也是这个城市休闲和旅游竞争力的重要内容。城市公共休闲空间的数量和规模可以反映城市休闲和旅游供给状况。随着主客共享理念的推进，城市休闲的供给需要考虑到当地居民和外来游客共同的需求，实现主客共享。因此，城市公共休闲空间供给和主客休闲旅游需求关系是城市休闲供需平衡发展的有力表征。具体而言，城市公共休闲空间和主客休闲旅游需求存在相互影响、交互耦合的关系，两者在空间上不断进行能量的交换，相互促进，相互制约，具有明显的耦合特征。一方面，主客休闲旅游需求的增加，推动提升旅游目的地城市各种公共休闲空间供给要

素的结构优化；另一方面，旅游目的地城市通过公共休闲空间供给的增量、增质来增强对居民和游客的吸引力。由以上分析可知，城市公共休闲空间和主客休闲旅游需求不是独立存在的主体，而是具有较强的正向相关性，因此可以借鉴旅游供需耦合协调度来定义城市公共休闲空间和主客休闲旅游需求系统相互作用的程度。两者在时间的更替中不断演变，协调发展，最佳的状态是达成联合，形成稳定、有序的统一整体。

| 第二节 |

耦合模型与指标体系

一、耦合协调模型

为深入分析城市主客休闲旅游供需的耦合协调关系，基于旅游供需耦合协调原理，借鉴旅游供需指标评价体系，参考相关文献，构建反映城市公共休闲空间供给和主客休闲旅游需求两系统整体发展和耦合协调关系的城市主客休闲旅游供需评价模型。

物理学中耦合度只能反映两个或多个系统间相互作用的强度，无法体现其耦合情况的好坏，而耦合协调度是用来衡量两个或者多个系统耦合协调水平的高低，反映系统或要素间彼此和谐共生的程度，体现了系统由无序走向有序的趋势。因此，为客观反映城市公共休闲空间供给和主客休闲旅游需求系统协调发展的真正水平，本书选取耦合协调度进行评估，将城市公共休闲空间供给系统和主客休闲旅游需求系统耦合协调度定义为 D，具体计算过程如下。

首先，计算系统X、Y的评价指标值：

$$X(j) = \sum_{i=1}^{m} w_i x_{ij} , \quad Y(j) = \sum_{i=1}^{m} w_i y_{ij} \qquad (4-1)$$

式中，$X(j)$、$Y(j)$分别是系统X和系统Y在第j年的评价指标值；w_i是系统X或Y中第i个指标的权重；x_{ij}、y_{ij}分别是系统X和系统Y中第i个指标在第j年的无量纲化处理后的数值。

其次，计算两个系统的耦合度和耦合综合评价指数：

$$C = \left\{ \frac{XY}{\left[\frac{X+Y}{2}\right]^2} \right\}^2 , \quad T = \alpha X + \beta Y \qquad (4-2)$$

式中，C为两个系统的耦合度，T为耦合综合评价指数，X为主客休闲旅游需求系统的评价指数，Y为城市公共休闲空间系统的评价指数，α、β为待定系数。客观来看，在两系统的协同发展中，两系统相互作用、相互促进的程度有所差异，城市公共休闲空间系统并不是由单一产业要素决定的，而是由多种因素共同作用的结果，根据相关文献，本书将α、β分别赋值为0.6、0.4。

最后，计算耦合协调度：

$$D = \sqrt{CT} \qquad (4-3)$$

式中，D为耦合协调度。

耦合协调模型综合了城市公共休闲空间供给系统和主客休闲旅游需求系统的发展协调状况，同时解决了两系统所处的相对水平问题。耦合协调模型相对于耦合模型来说，适用范围更广、稳定性更强、科学性更好，更加适用于城市公共休闲空间供给和主客休闲旅游需求耦合协调发展水平的研判。根据这一模型所得到的耦合协调度越高（D值越大），表明城市公共休闲空间供给和主客休闲旅游需求系统的发展水平越高，两者之间的耦合关系越好，城市休闲系统越趋向于好的方向发展，效应更加显著。

为更加直观地反映城市公共休闲空间供给系统和主客休闲旅游需求系统之间耦合协调发展情况，根据廖重斌（1996年）的相关研究，对耦合协调度D划分区间并评判等级，以明晰城市公共休闲空间供给和主客休闲旅游需求系统耦合协调发展的脉络[65]（表4-1）。

表4-1　耦合协调等级判断标准及发展水平划分

序号	D值	耦合协调等级	发展水平
1	0.000 ~ 0.099	极度失调	初级水平
2	0.100 ~ 0.199	严重失调	
3	0.200 ~ 0.299	中度失调	
4	0.300 ~ 0.399	轻度失调	中级水平
5	0.400 ~ 0.499	濒临失调	
6	0.500 ~ 0.599	勉强协调	
7	0.600 ~ 0.699	初级协调	
8	0.700 ~ 0.799	中级协调	高级水平
9	0.800 ~ 0.899	良好协调	
10	0.900 ~ 1.000	优质协调	

结合耦合协调等级划分标准，可以将本书中的系统耦合协调发展水平分为3个档次：当 $0 \leqslant D > 0.3$ 时，反映城市公共休闲空间供给和主客休闲旅游需求系统的耦合协调发展处于失调的、无序的低级发展阶段，但是有序发展的势能可能正在孕育之中；当 $0.3 \leqslant D > 0.7$ 时，两系统的耦合协调发展由失调、无序向协调、有序过渡，进入相互磨合与相互适应的中级发展阶段；当 $0.7 \leqslant D \leqslant 1$ 时，两系统前期良性正向促进的积累效应已逐渐显现，两者达到了有序和谐共存的良性循环，系统内的序参量协同势能不断优化，系统的结构达到优质状态，并向新的有序结构不断演化。

二、指标体系构建

（一）研究地区概况

厦门是我国经济特区之一，是东南沿海重要的中心城市、港口及风景旅游城市，厦门一直以来积极探索和推进城市休闲与旅游建设。厦门市是福建省旅游产业聚集地和排头兵，是我国休闲旅游的典范城市，1998年入选第一批国家优秀旅游城市；2016年11月，厦门市经过积极筹备和申报，正式入选第二批"国家全域旅游示范区"建设单位，这也是对厦门市全域旅游探索的一种认同和肯定；2017年，厦门与杭州、成都、大连、武汉、银川、宁波、苏州、无锡、珠海10座城市在旅游休闲整体环境打造，旅游产品、设施和服务的改进，以及旅游政策和管理体系的完善上走在了全国的前列；2020年《中国城市休闲和旅游竞争力报告》中，厦门与北京、上海、杭州、南京、广州、深圳、重庆、苏州、成都等入选全国城市休闲和旅游竞争力"名列前茅30城"。

厦门的城市休闲和旅游竞争力稳步提高，鼓浪屿、曾厝垵、中山路、环岛路等成为代表厦门城市和品牌的文化符号，积累了丰富的城市休闲旅游运营与管理经验。2019年，厦门市接待国内外游客超过1亿人次，实现旅游总收入1655.9亿元，全市旅游业增加值约占全市GDP的11.7%，旅游会展业成为千亿产业链之一。随着休闲旅游产业规模不断扩大，以及休闲旅游产业的空间布局和产品结构不断优化，城市环境和城市旅游形象不断提升，厦门市已位列国内旅游城市第一梯队。

基于上述分析，本书选取休闲和旅游竞争力名列前茅的厦门市为案例地，以耦合理论为基础，构建城市公共休闲空间主客共享发展的综合评价体系，通过耦合协调度模型，系统分析厦门城市公共休闲空间供给和主客休闲旅游需求的供需平衡状况及其时序分异规律，以期为我国全域旅游目的地城市主客共享的发展提供基础参照。

（二）指标体系构建

1.指标选取原则

（1）科学性原则：指标体系的构建要建立在科学性的基础上，各项指标必须概念明确，并具有相应的科学含义，能够真实衡量和反映城市公共休闲空间供给系统与主客休闲旅游需求系统耦合的功能、结构和发展特征。

（2）可操作性原则：构建的指标体系必须能够获得，并且指标具有可测量性和可比较性，易于量化，若无法直接获取具体数值，那该项指标也就失去了评价的意义。

（3）综合性原则：构建的指标体系是一个有机整体，应该能够较为全面地反映和测度城市公共休闲空间系统与主客休闲旅游需求系统耦合的主要特征和发展水平。若构建的指标体系范围过小，会导致无法全面综合反映系统耦合的情况；若构建的指标体系范围过大，则会导致指标层次过细而弱化研究的主要问题，不利于解决主要矛盾。

（4）动态变化性原则：选择的指标不仅要具有可操作性，而且能够动态反映出变化情况，以对系统的过去和未来发展状况进行判断。

2.评价指标的确定

根据城市公共休闲空间和主客休闲旅游需求耦合模型的内涵及协调度特征，遵循评价指标选取原则对指标进行选取和确定。

首先，根据前文研究，以及在借鉴城市休闲和旅游竞争力评价指标体系的基础上，确定城市公共休闲空间体系由城市公园绿地、城市广场、滨水休闲区、商业休闲区、体育休闲空间、文化休闲空间和旅游景区（点）7个一级指标，公园绿地的面积（公顷）、广场面积（公顷）、滨水休闲区面积（公顷）、商业休闲区面积（公顷）、体育场馆面积（公顷）、休闲步道/自行车道长度（千米）、文化场馆面积（公顷）、旅游景区面积（公顷）8个二级指标构成。

其次，分别对外来游客旅游需求和当地居民休闲需求指标进行遴选：①游客旅游需求由国内旅游需求和国外旅游需求2个一级指标，国内旅游人次（万人次）、国内旅游收入（亿元）、入境旅游人次（万人次）、旅游外汇收入（亿美元）4个二级指标构成；②居民休闲需求由居民休闲需求1个一级指标，常住人口（万人）1个二级指标构成。

综上，确立了能够较为合理反映城市公共休闲空间和主客休闲旅游需求耦合关系的评价指标体系（表4-2）。

表4-2 城市公共休闲空间和主客休闲旅游需求耦合协调评价指标体系

分类	一级指标	二级指标
游客旅游需求系统 XT	国内旅游需求 XT_1	xt_1：国内旅游人次（万人次）
		xt_2：国内旅游收入（亿元）
	国外旅游需求 XT_2	xt_3：入境旅游人次（万人次）
		xt_4：旅游外汇收入（亿美元）
居民休闲需求系统 XR	居民休闲需求 XR_1	xr_1：常住人口（万人）
城市公共休闲空间 Y	城市公园绿地 Y_1	y_1：公园绿地的面积（公顷）
	城市广场 Y_2	y_2：广场面积（公顷）
	滨水休闲区 Y_3	y_3：滨水休闲区面积（公顷）
	商业休闲区 Y_4	y_4：商业休闲区面积（公顷）
	体育休闲空间 Y_5	y_5：体育场馆面积（公顷）
		y_6：休闲步道/自行车道长度（千米）
	文化休闲空间 Y_6	y_7：文化场馆面积（公顷）
	旅游景区（点） Y_7	y_8：旅游景区面积（公顷）

三、数据来源及处理

（一）数据来源

为了保证统计口径的一致性和数据的权威性，本书使用的数据主要来自2011～2020年的《厦门经济特区年鉴》《厦门市国民经济和社会发展统计公报》，以及厦门市文化和旅游局官网、厦门市市政园林局官网、厦门市统计局官网等。

（二）数据处理

1.指标值无量纲化

本节所涉及的两个系统中，不同指标的统计单位有所差异。为便于指标的比较与计算，消除指标量纲及数据级别对后续分析的影响，对各指标的原始数据进行无量纲化处理，这里采用极值法来处理原始数据。公式如下：

$$x'_{ij} = x_{ij} / MAX(x_i)$$
$$y'_{ij} = y_{ij} / MAX(y_i)$$
（4-4）

式中，x'_{ij}、y'_{ij}是X、Y系统中第i个指标在第j年的无量纲化数值；x_{ij}、y_{ij}是X、Y系统中第i个指标在第j年的原始数值；$MAX(x_i)$、$MAX(y_i)$是X、Y系统中第i个指标在统计时段内的最大值。

2.指标权重

本节所搜集的数据均为量化数值，故采用标准差法来确定各指标的权重。具体计算过程如下：

$$W_i = \frac{S_i}{\sum_{i=1}^{n} S_i}$$
（4-5）

式中，在系统X中，W_i是指标X_i的权重；S_i是指标X_i无量纲化之后的数值的标准差。系统Y中指标的权重也采取这种方法来计算。

依据上述方法，计算得出厦门市游客旅游需求系统与城市公共休闲空间系统各指标的权重（表4-3）。

表4-3　厦门市游客旅游需求系统与城市公共休闲空间系统各指标权重

分类	一级指标	二级指标	权重
游客旅游需求系统	国内旅游需求	国内旅游人次（万人次）	0.2191
		国内旅游收入（亿元）	0.2438
	国外旅游需求	入境旅游人次（万人次）	0.2591
		旅游外汇收入（亿美元）	0.2779

续表

分类	一级指标	二级指标	权重
城市公共休闲空间系统	城市公园绿地	公园绿地的面积（公顷）	0.0980
	城市广场	广场面积（公顷）	0.1480
	滨水休闲区	滨水休闲区面积（公顷）	0.1283
	商业休闲区	商业休闲区面积（公顷）	0.0374
	体育休闲空间	体育场馆面积（公顷）	0.0834
		休闲步道 / 自行车道长度（千米）	0.3148
	文化休闲空间	文化场馆面积（公顷）	0.0670
	旅游景区（点）	旅游景区面积（公顷）	0.1231

（三）相关指标数据

对 2011～2020 年厦门城市公共休闲空间和主客休闲旅游需求相关指标的原始数据进行计算，得到 2011～2020 年厦门城市公共休闲空间和主客休闲旅游需求相关指标数据（表 4-4）。

表 4-4　厦门城市公共休闲空间和主客休闲旅游需求相关指标数据

分类	一级指标	二级指标	2011年	2012年	2013年	2014年	2015年	2016年	2017年	2018年	2019年	2020年
游客旅游需求系统	国内旅游需求	国内旅游人次（万人次）	3333.45	3894.41	4423.11	5071.04	5718.59	6412.35	7444.2	8469.89	9562.18	6897.86
		国内旅游收入（亿元）	373.64	440.54	518.85	609.97	708.61	788.33	951.09	1141.38	1359.78	980.15
	国外旅游需求	入境旅游人次（万人次）	189.49	230.02	240.74	266.82	317.26	357.81	386.32	430.43	450.69	96.27
		旅游外汇收入（亿美元）	12.67	15.77	16.47	18.09	19.96	27.69	32.21	39.4	42.86	9.52

续表

分类	一级指标	二级指标	2011年	2012年	2013年	2014年	2015年	2016年	2017年	2018年	2019年	2020年
城市公共休闲空间	城市公园绿地	公园绿地的面积（公顷）	1528.82	1547.71	1843.34	1843.34	1971.88	1971.88	1971.88	1971.88	2271.88	2271.88
	城市广场	广场面积（公顷）	9	9	9	9	9	9	9	9	12.11	18.61
	滨水休闲区	滨水休闲区面积（公顷）	425.33	425.33	571.66	571.66	600.74	600.74	600.74	616.63	743.25	743.25
	商业休闲区	商业休闲区面积（公顷）	266	266	278.9	284.9	284.9	284.9	284.9	299.9	299.9	299.9
	体育休闲空间	体育场馆面积（公顷）	35.23	37.03	44.93	46.53	46.53	46.53	46.53	46.53	46.53	46.53
		休闲步道/自行车道长度（千米）	0	0	0	0	0	0	7.6	28.2	28.2	51.2
	文化休闲空间	文化场馆面积（公顷）	83.225	83.225	89.525	90.425	96.285	97.185	97.185	103.245	103.245	103.245
	旅游景区（点）	旅游景区面积（公顷）	305.54	328.87	436.67	436.67	452.05	452.05	492.05	492.05	492.05	492.05
居民休闲需求系统	居民休闲需求	常住人口（万人）	384	403	418	441	454	465	478	496	512	518

| 第三节 |

耦合协调度分析

一、游客旅游需求与城市公共休闲空间耦合协调度分析

基于2011～2020年厦门游客旅游需求和城市公共休闲空间系统各指标加权处理后的数据，对游客旅游需求系统综合评价指数 $[X(T)]$ 和城市公共休闲空间系统综合评价指数 $[Y(S)]$ 进行测算（表4-5）。

表4-5　厦门游客旅游需求和城市公共休闲空间系统综合评价指数

年份	$X(T)$	$Y(S)$
2011	0.3345	0.4377
2012	0.4028	0.4476
2013	0.4396	0.5324
2014	0.4963	0.5366
2015	0.5700	0.5548
2016	0.6736	0.5554
2017	0.7721	0.6121
2018	0.9017	0.7474
2019	1.0000	0.8069
2020	0.4509	1.0000

（一）综合发展水平分析

1. 厦门市游客旅游需求发展水平分析

厦门市游客旅游需求的综合评价指数 $[X(T)]$ 从2011年的0.3345持续增长到2019年的1，如图4-1所示。厦门市游客旅游需求保持了较为稳定且快速的增长趋势，说明国内外游客对厦门市的旅游需求逐年增加，且增长幅度较大，可以划分为3个阶段。

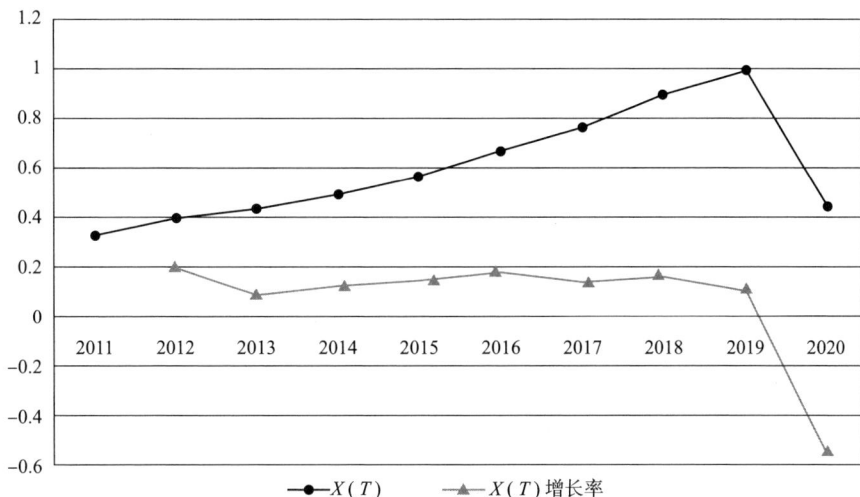

图4-1　厦门市游客旅游需求综合评价指数演变

　　第一阶段是起步发展阶段（2011～2013年）。厦门旅游市场是2009年随着动车开通开始兴起的。2011年，厦门旅游业的软件和硬件有较大的改善，游客增长迅速，厦门旅游人气指数稳居全国排行榜前列，也获得很多荣誉。1999～2013年，厦门连续获得"中国优秀旅游城市""国际花园城市"等荣誉。

　　第二阶段是快速增长阶段（2014～2019年）。游客旅游需求综合评价指数迅速上升，2019年达到峰值1。2015年，厦门实现游客接待量和旅游总收入双增长，与2014年同期相比，增长率分别为13.08%和15.27%。无论是6035.85万人次（游客接待量），还是832.36亿元（旅游总收入），都呈现了跨越"关口"的突破性增长。作为"十三五"开局之年的2016年，当年2月国务院批复了《厦门市城市总体规划（2011—2020年）》，11月厦门市入选第二批"国家全域旅游示范区"建设单位，这都为厦门旅游发展提供了重大机遇；2017年，台湾经厦门赴大陆旅游人数持续增长，厦门共接待台胞入境过夜游客46.41万人次，同比增18.89%，标志着厦门旅游产业发展进入一个新的起点。同年，金砖国家领导人第九次会晤在厦门的举行和鼓浪屿申遗成功。2018年通过了《厦门市全域旅游专项规划（2017—2035）》，厦门国际知名度、影响力进一步提升，接待入境游客 430.43 万人次，同比增长 11.42%，占接待总人数的 4.84%，实现旅游创汇 39.40 亿美元，同比增长 22.32%。厦门成为唯一入选《奥地利日报》"2019 年十大世界度假旅游目的地推荐"榜单（排名第二）的中国城市。2019 年 1 ~ 6 月，厦门市旅游人数增速和旅游收入增速分别为 12.53% 和 17.57%，收入增速较人数增速高 5.04%。其中国内旅游收入增速较人数增速高 6.3%，标志着厦门旅游业从高速增长向高质优质发展转变，旅游效益不断提升，高质量发展态势显现，2019 年厦门市旅游业增加值约占全市 GDP 的 11.7%。

第三阶段是需求下降阶段（2022 年至今）。2020 年受新型冠状肺炎疫情影响，厦门市旅游人次和旅游收入都出现了断崖式的下降。2020 年 1 ~ 3 月，厦门市共接待国内外游客 692.91 万人次，同比下降 67.87%；旅游总收入 113.62 亿元人民币，同比下降 69.93%。2020 年 1 ~ 12 月，厦门接待入境过夜游客 89.88 万人次，同比下降 69.77%（图 4-2）。

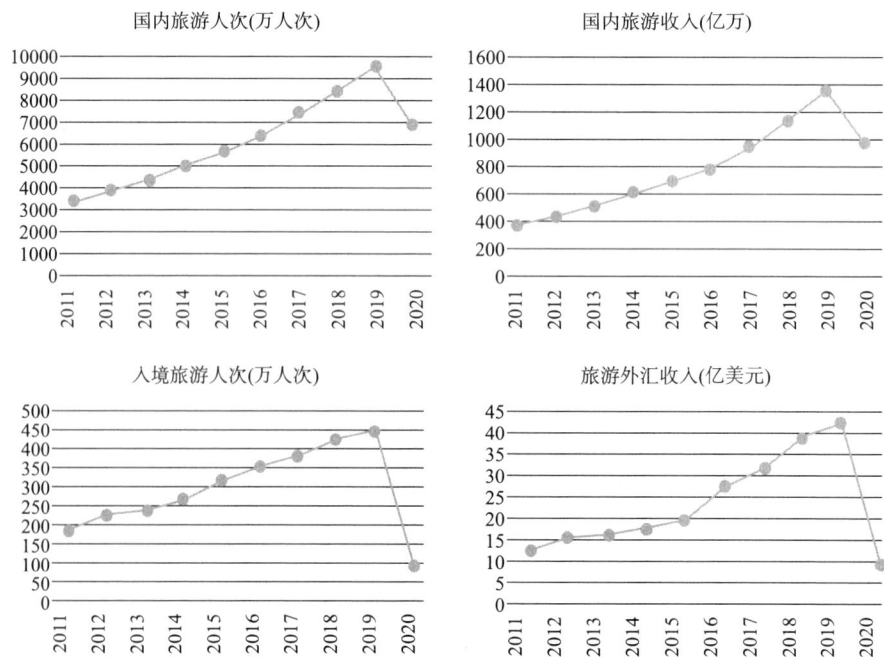

图 4-2　厦门市旅游人次和旅游收入发展演变

2. 厦门城市公共休闲空间发展水平分析

厦门城市公共休闲空间系统的评价指数 $[Y(S)]$ 从2011年的0.4377增长到2020年的1，在统计时段内保持了上升趋势，说明厦门市在这段时间内重视城市公共休闲空间的打造，始终致力于增加城市公共休闲空间的供给（图4-3）。

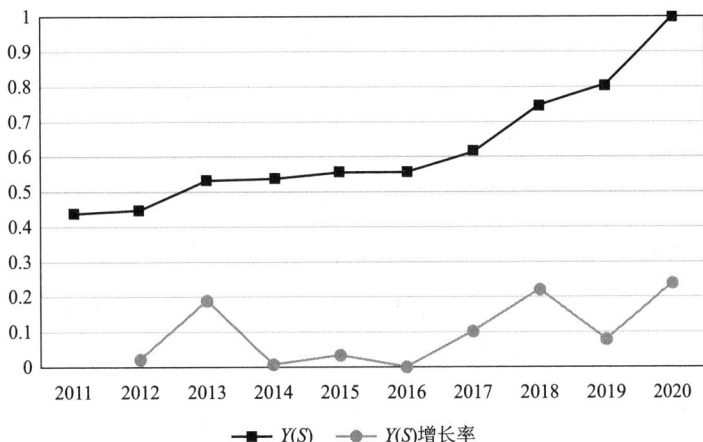

图4-3　厦门市城市公共休闲空间综合评价指数动态演变

随着城市经济的发展，厦门致力于主客共享的休闲空间建设，实现高质量发展和高品质建设，立足顶层设计，加强城市空间规划。为加强公园的规划、建设、保护和管理，促进公园事业的发展，2011年厦门制定了《厦门经济特区公园条例》；2013年制定了《美丽厦门战略规划》（以下简称《战略规划》）；2014年开展了"多规合一"工作，以《战略规划》确定的山水空间格局为基准，开展"美丽厦门山水格局规划"专题研究。2015年，厦门开展"厦门空间规划体系构建研究""厦门空间规划体系梳理""厦门全域空间规划一张蓝图"等工作；2016年提出"两个百年"愿景和五个城市定位，制定"国际化发展""空间发展"和"人的发展"三大发展战略。在此基础上，厦门还编制了公共空间营造指引，如通过编制《街道设计导则》《广告设计导则》等来提升城市公共空间环境品质，激活街区活力。2015～2017年通过积极落实《旅游厕所建设管理三年行动计划》，厦门市旅游发展委员会在岛外乡村旅游点共新建、改建旅游厕所60余座，并通过以奖代补，在资金上给予扶持。2017年下半年厦门开始进行城市总体规划改革探索，重点是按照构建统一的空间规划体系目标，将已有的"一张蓝图"工作成果纳入城市总体规划成果中。厦门还编制实施《厦门市全域旅游专项规划》《"十四五"文化和旅游发展专项规划》《"十四五"文化产业发展规划》，将其与厦门城市总体规划进行衔接，纳入全市"多规合一"协同平台，并先后出台《厦门市关于促进旅游业高质量发展的实施意见》等各类政策30余项，通过顶层设计推动城市公共休闲空间的发展。

2011～2020年，厦门着力扩大城市公园面积，积极拓展公共绿化空间，从空间上解决市居民对人居环境的切实需求，同时，以全域旅游目的地打造为目标，加强城市公园、城市休闲街区、城市绿道系统建设。2018年，《厦门市绿地系统规划修编和绿线划定（2017—2020）》，规划2020年建设公园342个，其中综合公园54个，占地面积最大达3005.4公顷；社区公园数量达到180个；2020年新增或改造提升城市园林绿地面积400公顷（其中公园绿地100公顷），岛内外涌现出了一批有特色、颜值高的公园绿地：寨上公园、大垵公园、滨海浪漫线二期同安段等。2020年1月1日建成东西向山海健康步道，长23千米。厦门山海健康步道的建成，让市民有了更多亲近自然的休闲空间。岛内将推进南北向健康步道（五缘湾—湖边水库—东坪山）项目建设；岛外将推动瑶山溪绿道、集美新城慢行系统等建设，建设环山环海绿道，为市民提供更多绿色休闲场所。

3.厦门市游客旅游需求与城市公共休闲空间系统相关性分析

游客旅游需求与城市公共休闲空间系统作为两个耦合交互体，两者相互制约与影响。对厦门市游客旅游需求与城市公共休闲空间发展水平展开分析，还必须了解游客旅游需求与城市公共休闲空间系统之间的相互关系。

根据游客旅游需求和城市公共休闲空间系统各自发展水平，可以将系统的滞后类型分为3种：一，$X(T)<Y(S)$，需求滞后于供给；二，$X(T)=Y(S)$，需求和供给同步发展；三，$X(T)>Y(S)$，供给滞后于需求。对比游客旅游需求和城市公共休闲空间系统$X(T)$、$Y(S)$分析滞后性。2011～2020年这个统计时段，游客旅游需求与城市公共休闲空间系统互动发展关系呈两个阶段：第一阶段为2011～2015年，除2015年外，其余年份都呈现出$X(T)<Y(S)$的情况，说明这一期间城市公共休闲空间系统优先发展，游客旅游需求滞后，游客能够在厦门市享受到较为充裕的公共休闲空间，2015年$X(T)$、$Y(S)$相差无几，厦门游客旅游需求和城市公共休闲空间系统发展水平趋同，游客旅游需求发展有所增强；第二阶段为2016～2020年，除2020年外，此阶段$X(T)>Y(S)$，说明城市公共休闲空间的供给明显滞后于游客旅游需求。在这一期间，厦门市旅游需求保持了较快速的增长，年增长率持续在10%以上。而城市公共休闲空间系统也开始提高增长率，特别是在2018年和2020年。值得注意的是，2020年，$X(T)<Y(S)$，游客旅游需求明显乏力、不足（表4-6、图4-4）。从目前来看，游客旅游需求发展速度高于城市公共休闲空间发展速度，说明厦门市城市公共休闲空间发展水平还不能完全满足游客旅游需求，这在一定程度上制约了厦门旅游业的发展。因此，在下一阶段工作中，有关部门应重点加强城市公共休闲空间建设，完善基础设施，提升城市公共服务水平。

表4-6 厦门市游客旅游需求和城市公共休闲空间系统滞后类型

年份	$X(T)$	$Y(S)$	$X(T)$、$Y(S)$比较	滞后类型
2011	0.3345	0.4377	$X(T)<Y(S)$	需求系统滞后型
2012	0.4028	0.4476	$X(T)<Y(S)$	需求系统滞后型
2013	0.4396	0.5324	$X(T)<Y(S)$	需求系统滞后型
2014	0.4963	0.5366	$X(T)<Y(S)$	需求系统滞后型
2015	0.57	0.5548	$X(T)>Y(S)$	供给系统滞后型
2016	0.6736	0.5554	$X(T)>Y(S)$	供给系统滞后型
2017	0.7721	0.6121	$X(T)>Y(S)$	供给系统滞后型
2018	0.9017	0.7474	$X(T)>Y(S)$	供给系统滞后型
2019	1	0.8069	$X(T)>Y(S)$	供给系统滞后型
2020	0.4509	1	$X(T)<Y(S)$	需求系统滞后型

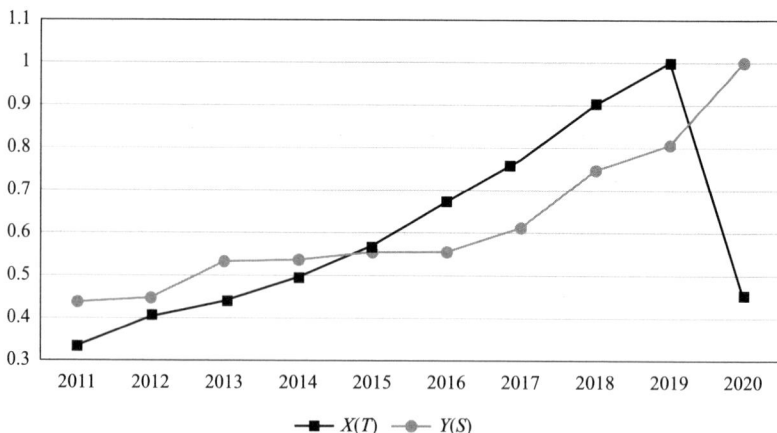

图4-4　厦门游客旅游需求和城市公共休闲空间评价指数动态演变

（二）耦合度及耦合协调度分析

基于2011～2020年厦门市游客旅游需求与城市公共休闲空间系统综合评价指数X（T）和Y（S）的值，利用公式（4-2），得到2011～2020年厦门市游客旅游需求与城市公共休闲空间系统的耦合度C（TS）及耦合综合评价指数T（TS），再根据公式（4-3），最终得到两个系统的耦合协调度D（TS）（表4-7）。

表4-7　厦门市旅游需求与城市公共空间耦合度和耦合协调度及等级

年份	T（TS）	C（TS）	D（TS）	耦合协调等级
2011	0.3758	0.9646	0.6021	初级协调
2012	0.4207	0.9945	0.6468	初级协调
2013	0.4767	0.9819	0.6842	初级协调
2014	0.5124	0.997	0.7147	中级协调
2015	0.5639	0.9996	0.7508	中级协调
2016	0.6263	0.9816	0.7841	中级协调
2017	0.7081	0.9735	0.8303	良好协调
2018	0.84	0.9826	0.9085	优质协调
2019	0.9228	0.9773	0.9496	优质协调
2020	0.6706	0.7341	0.7016	中级协调

图4-5中的两条折线分别反映了游客旅游需求与城市公共休闲空间系统的耦合度C（TS）和耦合协调度D（TS）在2011～2020年的变化情况。

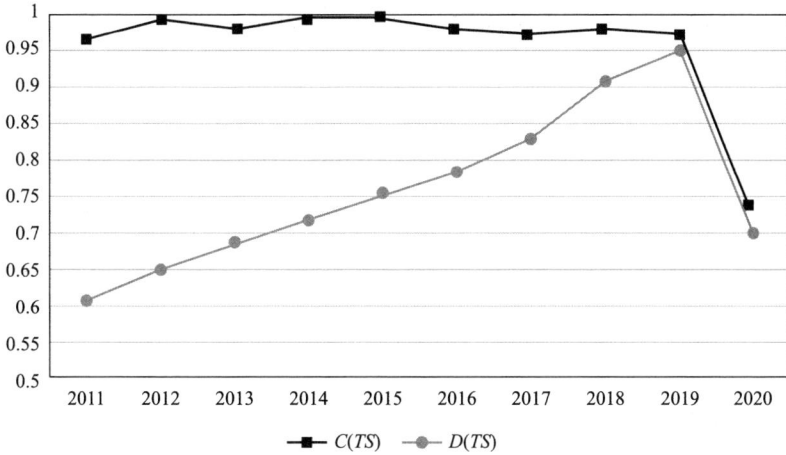

图4-5 厦门市旅游需求与城市公共空间耦合度及耦合协调度动态演变

除了2020年，两个系统的耦合度C值始终在区间［0.9，1.0］内，处于高度耦合状态，表明两系统之间相互作用力较强，厦门市游客旅游需求与城市公共休闲空间的耦合作用能够有效地促进厦门旅游业的快速发展。

对耦合协调度D值进行时序分析，可以看到厦门市游客旅游需求与城市公共休闲空间系统在近十年的发展中，两个系统的耦合协调度D同样保持了稳定的增长趋势（除了2020年），从2011年的0.6021增长到2019年的0.9496，说明厦门市游客旅游需求与城市公共休闲空间的耦合协调度保持了较为稳定的增长，呈直线上升。耦合协调等级经历了"初级协调、中级协调、良好协调、优质协调"4个阶段，耦合发展态势十分喜人。具体来看，结合耦合协调等级划分标准，厦门市游客旅游需求与城市公共休闲空间耦合协调度的发展又可以分为以下两个阶段：第一阶段为2011～2013年，游客旅游需求与城市公共休闲空间系统耦合协调发展处于中级发展水平，这表明厦门市游客旅游需求与城市公共休闲空间系统之间的协调发展趋于良性，即两者间的协调发展关系得到改善与提升；第二阶段为2014～2019年，两系统耦合协调发展处于高级发展水平，说明这一时期的游客旅游需求与城市公共休闲空间系统的协同发展效应较好，两者相互协调，相互促进。

二、居民休闲需求与城市公共休闲空间耦合协调度分析

城市公共休闲空间的使用者，除了外来游客，更重要的是当地居民。因此，有必要分析当地居民的休闲需求与城市公共休闲空间供给之间的耦合情况。本书统计了厦门市2011～2020年的常住人口，作为当地居民休闲需求的指标，并计算了当地居民休闲需求与城市公共休闲空间这两个系统之间的耦合情况。

表4-8中，$X(R)$代表了居民休闲需求的评价指标，$Y(S)$代表了城市公共休闲空间的评价指标，$T(RS)$代表游客旅游需求与城市公共休闲空间系统综合评价指数，$C(RS)$、$D(RS)$分别代表居民休闲需求与城市公共休闲空间系统的耦合度、耦合协调度。

表4-8　厦门居民休闲需求与城市公共休闲空间耦合度和耦合协调度及等级

年份	$X(R)$	$Y(S)$	$T(RS)$	$C(RS)$	$D(RS)$	耦合协调等级
2011	0.7413	0.4377	0.8718	0.6199	0.7351	中级协调
2012	0.7780	0.4476	0.8599	0.6458	0.7452	中级协调
2013	0.8069	0.5324	0.9177	0.6971	0.7999	中级协调
2014	0.8514	0.5366	0.8998	0.7254	0.8079	良好协调
2015	0.8764	0.5548	0.9016	0.7478	0.8211	良好协调
2016	0.8977	0.5554	0.8921	0.7608	0.8238	良好协调
2017	0.9228	0.6121	0.9198	0.7985	0.8570	良好协调
2018	0.9575	0.7474	0.9698	0.8735	0.9204	优质协调
2019	0.9884	0.8069	0.9797	0.9158	0.9472	优质协调
2020	1.0000	1.0000	1.0000	1.0000	1.0000	优质协调

厦门市第七次全国人口普查数据显示，厦门2020年全市常住人口516.4万人，3个区人口总量突破百万。与2010年进行的第六次全国人口普查数据相比，全市常住人口增加163.26万人，增幅为46.23%，年均增长率为3.87%。近10年来全省人口增量为464.59万人，厦门人口增量占全省增量的35.14%，位居全省第一。常住人口占全省比重从2010年的9.57%，提高到12.43%，居全省第3位，与2010年第六次人口普查的结果相比前移1位，超过漳州市。数据表明，

外来人口净流入是厦门人口快速增长的主要原因，厦门经济产业的发展吸纳更多的就业，人口流动更趋活跃。厦门高质量推进新型城镇化建设，随着跨岛发展战略顺利实施和岛外新城加快建设，通过现代化基础设施建设提高城市空间的承载力、吸引力，持续推动农业转移人口市民化等措施取得明显成效，城镇化水平位居全国主要城市前列。

根据居民休闲需求和城市公共休闲空间系统各自发展水平，对比居民休闲需求和城市公共休闲空间的评价指标，分析滞后性（图4-6、表4-9），2011～2020年这个统计时段，居民休闲需求与城市公共休闲空间系统互动发展关系呈两个发展阶段：第一阶段为2011～2019年，$X(R)>Y(S)$，说明这一期间城市公共休闲空间的供给明显滞后于居民休闲需求。这一期间，厦门市人口快速增长，位居全省第一，2016年以来城市公共休闲空间系统开始提高增长率；第二阶段为2020年，$X(R)=Y(S)$，这一期间，城市公共休闲空间供给和居民休闲需求同步发展，2020年，厦门加大城市公共休闲空间的建设，岛内外新增一批公园绿地，建成健康步道。厦门一直非常重视城市环境建设，在全国城市休闲和旅游空间要素竞争力指数排第22名，该指标得分24分（满分36分）。排第1名的是杭州，得分是35分。相对来说，厦门的城市公共休闲空间建设还需进一步加强。

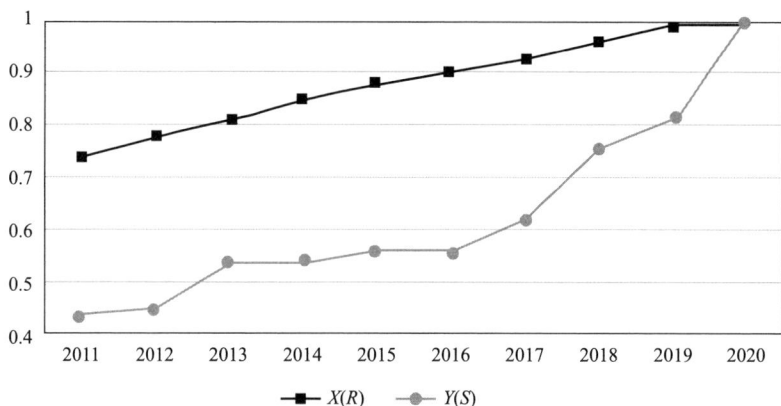

图4-6 厦门居民休闲需求与城市公共休闲空间评价指数动态演变

表4-9　厦门市居民休闲需求和城市公共休闲空间系统滞后类型

年份	$X（R）$	$Y（S）$	$X（R）$、$Y（S）$比较	滞后类型
2011	0.7413	0.4377	$X（R）>Y（S）$	供给系统滞后型
2012	0.7780	0.4476	$X（R）>Y（S）$	供给系统滞后型
2013	0.8069	0.5324	$X（R）>Y（S）$	供给系统滞后型
2014	0.8514	0.5366	$X（R）>Y（S）$	供给系统滞后型
2015	0.8764	0.5548	$X（R）>Y（S）$	供给系统滞后型
2016	0.8977	0.5554	$X（R）>Y（S）$	供给系统滞后型
2017	0.9228	0.6121	$X（R）>Y（S）$	供给系统滞后型
2018	0.9575	0.7474	$X（R）>Y（S）$	供给系统滞后型
2019	0.9884	0.8069	$X（R）>Y（S）$	供给系统滞后型
2020	1.0000	1.0000	$X（R）=Y（S）$	需求供给同步型

从时间动态分析来看，2011～2013年，两个系统耦合度值$C（RS）<0.7$，属于初级耦合状态；2014～2017年耦合度值在0.7～0.8，属于中级耦合阶段；2018年耦合度值提高到0.8以上，2019年进一步增加到0.9以上，进入良好耦合阶段；2020年耦合度为1，属于完全耦合。表明2018年以后两系统之间相互作用力较强，说明厦门城市公共休闲空间能够有效满足厦门人口增长带来的居民休闲需求。

对耦合协调度进行时序分析，厦门居民休闲需求与城市公共休闲空间系统在十年内的发展中，两个系统的耦合协调度保持了稳定的增长趋势，从2011年的0.7351增长到2020年的1，说明厦门居民休闲需求与城市公共休闲空间的耦合协调度保持了较为稳定的增加。耦合协调等级经历了"中级协调、良好协调、优质协调"3个阶段，耦合发展态势十分喜人。具体来看，结合耦合协调等级划分标准，厦门居民休闲需求与城市公共休闲空间耦合协调度的发展处于高级发展水平，说明居民休闲需求与城市公共休闲空间系统的协同发展效应较好，两者相互协调，相互促进。

　　通过对比游客旅游需求、居民休闲需求各自与城市公共休闲空间系统的耦合协调度，可以发现：厦门主客休闲旅游需求与城市公共休闲空间系统的耦合发展态势良好，从目前来看，耦合协调度的发展都处于高级发展水平，说明厦门主客休闲旅游需求与城市公共休闲空间系统的协同发展效应较好，两者相互协调，相互促进。2011～2017年，居民休闲需求与城市公共休闲空间系统的耦合协调度［$D(RS)$］发展水平要高于游客旅游需求与城市公共休闲空间系统的耦合协调度［$D(TS)$］。2018～2019年，两个的耦合协调度发展水平趋同（图4-7）。

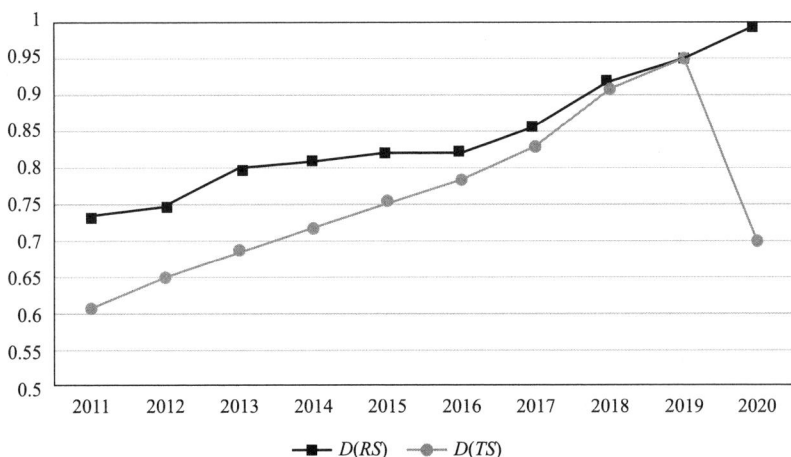

图4-7　厦门游客旅游需求、居民休闲需求与城市公共休闲空间耦合
协调度动态演变

| 第四节 |

耦合协调的结构特征

城市休闲供需耦合协调的研究不仅要对耦合协调的外部化表象特征探讨，

还需要更加深入地分析耦合协调的结构特征，用来揭示城市休闲供需耦合协调的内部要素的构成和相互关系，涉及城市休闲供需耦合协调内部子系统的配置比例、配置方式、配置效率等方面。城市休闲供需耦合协调的结构特征从主客休闲旅游需求和城市公共休闲空间供给各子系统之间的关系入手，逐一分析游客旅游需求、居民休闲需求和城市公园绿地、城市广场、滨水休闲区、商业休闲区、体育休闲空间、文化休闲空间和旅游景区（点）之间的发展特点和演变规律。发现旅游目的地城市公共休闲空间供给内部存在的问题，以利于对城市公共休闲空间结构及主客休闲旅游需求之间的供需关系进行有效调整。

本书借助前文计算得到的游客旅游需求、居民休闲需求系统的综合评价指数，进一步分别计算游客旅游需求、居民休闲需求和城市公园绿地、城市广场、滨水休闲区、商业休闲区、体育休闲空间、文化休闲空间和旅游景区（点）7个子系统的耦合协调度值（表4-10）。

$D（TY_i）$是游客旅游需求系统与Y_i的耦合协调度，$D（RY_i）$是居民休闲需求系统与Y_i的耦合协调度，Y_i是城市公共休闲空间系统中第i个类型的城市公共休闲空间的综合评价指数。Y_1代表城市公园绿地，Y_2代表城市广场，Y_3代表滨水休闲区，Y_4代表商业休闲区，Y_5代表体育休闲空间，Y_6代表文化休闲空间，Y_7代表旅游景区（点）。

表4-10　主客休闲旅游需求与城市公共休闲空间子系统耦合协调度

指标	D_1		D_2		D_3		D_4		D_5		D_6		D_7	
	$D(TY_1)$	$D(TY_1)$	$D(TY_2)$	$D(TY_2)$	$D(TY_3)$	$D(TY_3)$	$D(TY_4)$	$D(RY_4)$	$D(TY_5)$	$D(RY_5)$	$D(TY_6)$	$D(RY_6)$	$D(TY_7)$	$D(RY_7)$
2011	0.6081	0.8430	0.6069	0.7635	0.6104	0.8072	0.5928	0.8870	0.4484	0.4138	0.5996	0.8744	0.6099	0.8261
2012	0.6697	0.8560	0.6541	0.7683	0.6652	0.8147	0.6634	0.9025	0.4597	0.4244	0.6674	0.8881	0.6696	0.8519
2013	0.6993	0.8993	0.6746	0.7715	0.6997	0.8893	0.6951	0.9206	0.5066	0.4816	0.6978	0.9104	0.6970	0.9140
2014	0.7431	0.9135	0.7008	0.7755	0.7419	0.9024	0.7423	0.9410	0.5155	0.4885	0.7435	0.9278	0.7434	0.9301
2015	0.7945	0.9343	0.7268	0.7774	0.7913	0.9200	0.7966	0.9502	0.5127	0.4860	0.7963	0.9472	0.7961	0.9446
2016	0.8530	0.9409	0.7522	0.7787	0.8459	0.9258	0.8599	0.9577	0.5053	0.4838	0.8593	0.9561	0.8576	0.9518
2017	0.8972	0.9482	0.7676	0.7801	0.8864	0.9324	0.9085	0.9661	0.6440	0.6390	0.9075	0.9644	0.9138	0.9750
2018	0.9421	0.9577	0.7790	0.7816	0.9327	0.9472	0.9675	0.9867	0.8692	0.8776	0.9675	0.9867	0.9675	0.9867

续表

指标	D_1		D_2		D_3		D_4		D_5		D_6		D_7	
	$D(TY_1)$	$D(RY_1)$	$D(TY_2)$	$D(RY_2)$	$D(TY_3)$	$D(RY_3)$	$D(TY_4)$	$D(RY_4)$	$D(TY_5)$	$D(RY_5)$	$D(TY_6)$	$D(RY_6)$	$D(TY_7)$	$D(RY_7)$
2019	1.0000	0.9965	0.8860	0.8846	1.0000	0.9965	1.0000	0.9965	0.8830	0.8817	1.0000	0.9965	1.0000	0.9965
2020	0.7016	1.0000	0.7016	1.0000	0.7016	1.0000	0.7016	1.0000	0.7016	1.0000	0.7016	1.0000	0.7016	1.0000
平均值	0.7909	0.9289	0.7250	0.8081	0.7875	0.9135	0.7928	0.9508	0.6046	0.6176	0.7940	0.9452	0.7956	0.9377

一、游客旅游需求与城市公共休闲空间子系统耦合协调度分析

（一）整体情况

根据表4-10可知，游客旅游需求与城市公园绿地耦合协调度 $D(TY_1)$ 在 2011～2013年的数值位于0.6～0.7，2014～2017年为0.7～0.8，2018年增长到 0.9以上，2019年为1，2020年下降到0.7016；游客旅游需求与城市广场耦合协调度 $D(TY_2)$ 在2011～2013年的数值位于0.6～0.7，2014～2018年为0.7～0.8，2019年增长到0.8～0.9，2020年下降到0.7016；游客旅游需求与滨水休闲区耦合协调度 $D(TY_3)$ 在2011～2013年的数值位于0.6～0.7，2014～2015年为0.7～0.8，2015～2017年增长到0.8～0.9，2018年增长到0.9以上，2019年为1，2020年下降到0.7016；游客旅游需求与商业休闲区耦合协调度 $D(TY_4)$ 在2011～2013年的数值位于0.5～0.7，2014～2016年为0.7～0.9，2017～2018年增长到0.9以上，2019年为1，2020年下降到0.7016；游客旅游需求与体育休闲空间耦合协调度 $D(TY_5)$ 在2011～2017年的数值位于0.4～0.7，2018～2019年为0.8～0.9，2020年下降到0.7016；游客旅游需求与文化休闲空间耦合协调度 $D(TY_6)$ 在2011～2013年的数值位于0.5～0.7，2014～2015年为0.7～0.8，2016～2018年增长到0.9以上，2019年为1，2020年下降到0.7016；游客旅游需求与旅游景区（点）耦合协调度 $D(TY_7)$ 在2011～2013年的数值位于0.6～0.7，2014～2016年为0.7～0.9，2017～2018年增长到0.9以上，2019年为1，

2020年下降到0.7016。

（二）比较分析

在分析游客旅游需求与城市公共休闲空间子系统耦合协调发展水平整体情况的基础上，对游客旅游需求以及城市公园绿地、城市广场、滨水休闲区、商业休闲区、体育休闲空间、文化休闲空间、旅游景区（点）7个子系统的耦合协调度进行比较分析，以揭示各子系统在耦合协调发展中发挥的作用。

图4-8展示了2011～2020年厦门7种不同类型的城市公共休闲空间与厦门游客旅游需求系统的耦合协调度变化情况。$D（TY_1）$、$D（TY_2）$、$D（TY_3）$、$D（TY_4）$、$D（TY_5）$、$D（TY_6）$、$D（TY_7）$的平均值分别为0.7909、0.7250、0.7875、0.7928、0.6046、0.7940、0.7956，平均值的排序如下：$D（TY_7）>D（TY_6）>D（TY_4）>D（TY_1）>D（TY_3）>D（TY_2）>D（TY_5）$。

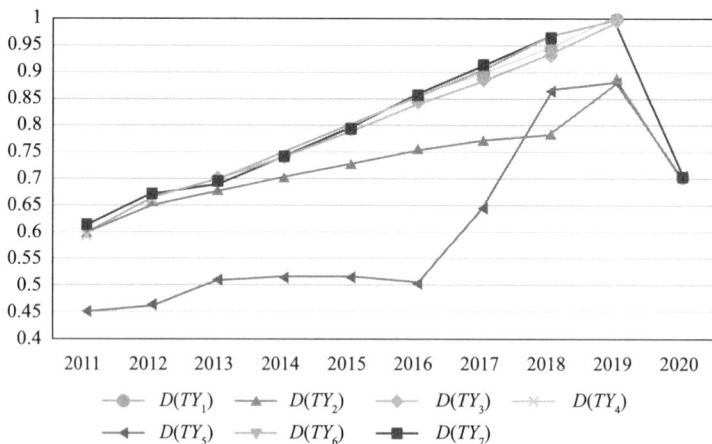

图4-8 厦门游客旅游需求与城市公共休闲空间子系统耦合协调度动态演变

其中，厦门游客旅游需求与旅游景区（点）的耦合协调度$D（TY_7）$一直处于领先地位，说明2011～2020年旅游景区（点）与游客旅游需求系统保持了相对较高的耦合协调水平，从初级协调水平提升到优质协调的高级水平。2011～2020年，厦门旅游发展日新月异，新的旅游业态和各种旅游项目不断涌现，目前厦门市拥有21家A级旅游景区，培育会展、邮轮、游艇、房车、自驾车等旅游新业态产品，构建观光、休闲、度假、康养、研学等并重的全域旅游新格局。

7类城市公共休闲空间中，厦门体育休闲空间与游客旅游需求的耦合协调度最低，统计期间年平均值为0.6046，刚刚达到初级协调水平。厦门体育休闲区的发展在2017～2020年与厦门游客旅游需求系统的耦合协调度出现了较为明显的快速提升。这得益于近年来厦门加大了对公共体育设施的投资与建设，在2017年、2018年、2020年分别建成了3条休闲步道/自行车道，丰富了厦门市体育休闲空间的类型，增加了体育休闲空间的规模。

通过对比分析可以看到，虽然游客旅游需求与城市公共休闲空间各子系统耦合协调强度存在差异，但游客旅游需求与旅游景区（点）、文化休闲空间、商业休闲区、城市公园绿地4个子系统之间的差异较小。各子系统之间的耦合互动和协同作用，不仅使游客旅游需求和城市公共休闲空间各子系统的和谐性得以提升，也使旅游目的地整个系统的和谐性提高。

二、居民休闲需求与城市公共休闲空间子系统耦合协调度分析

（一）整体情况

由表4－10可知，居民休闲需求与城市公园绿地耦合协调度［$D(RY_1)$］在2011～2013年的数值位于0.8～0.9，2014～2019年增长到0.9以上，2020年为1；居民休闲需求与城市广场耦合协调度［$D(RY_2)$］在2011～2018年的数值位于0.7～0.8，2019年增长到0.8以上，2020年为1；居民休闲需求与滨水休闲区耦合协调度［$D(RY_3)$］在2011～2013年的数值位于0.8～0.9，2014～2019年增长到0.9以上，2020年为1；居民休闲需求与商业休闲区耦合协调度［$D(RY_4)$］在2011年的数值位于0.8～0.9，2012～2019年增长到0.9以上，2020年为1；居民休闲需求与体育休闲空间耦合协调度［$D(RY_5)$］在2011～2016年的数值位于0.4～0.5，2017年提升至0.6以上，2018～2019

年增长到0.8～0.9，2020年为1；居民休闲需求与文化休闲空间耦合协调度 $[D(RY_6)]$ 在2011～2012年的数值位于0.8～0.9，2013～2019年增长到0.9以上，2020年为1；居民休闲需求与旅游景区（点）耦合协调度 $[D(RY_7)]$ 在2011～2012年的数值位于0.8～0.9，2013～2019年增长到0.9以上，2020年为1。

（二）比较分析

在分析居民休闲需求与城市公共休闲空间子系统耦合协调发展水平整体情况的基础上，对居民休闲需求和城市公园绿地、城市广场、滨水休闲区、商业休闲区、体育休闲空间、文化休闲空间、旅游景区（点）7个子系统的耦合协调度进行比较分析，以揭示各子系统在耦合协调发展中发挥的作用。

图4-9展示了2011～2020年厦门7种不同类型的城市公共休闲空间与厦门居民休闲需求系统的耦合协调度变化情况。$D(RY_1)$、$D(RY_2)$、$D(RY_3)$、$D(RY_4)$、$D(RY_5)$、$D(RY_6)$、$D(RY_7)$ 的平均值分别为0.9289、0.8081、0.9135、0.9508、0.6176、0.9452、0.9377，平均值排序如下：$D(RY_4)>D(RY_6)>D(RY_7)>D(RY_1)>D(RY_3)>D(RY_2)>D(RY_5)$。

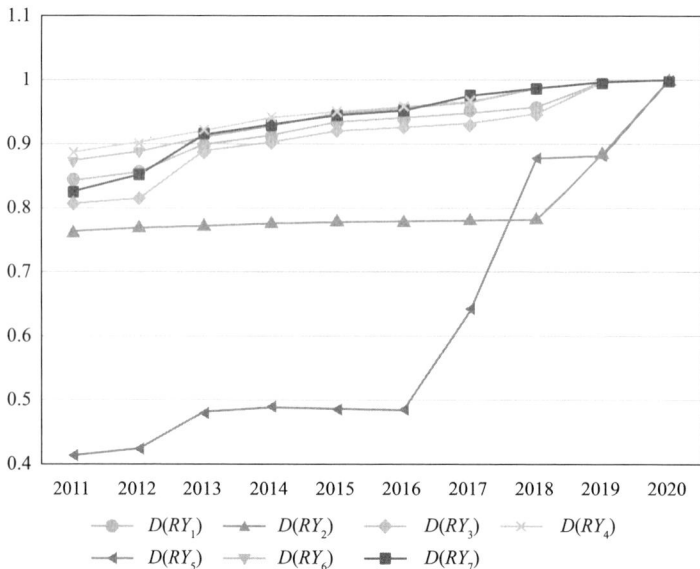

图4-9　厦门居民休闲需求与城市公共休闲空间子系统耦合协调度动态演变

其中，厦门居民休闲需求与商业休闲区、文化休闲空间、旅游景区（点）、城市公园绿地、滨水休闲区的耦合协调度 D（RY_4）、D（RY_6）、D（RY_7）、D（RY_1）、D（RY_3）平均值都在0.9以上，保持了相对较高的耦合协调水平。说明厦门一直重视城市公共休闲空间的建设，各子系统之间的耦合互动和协同作用较强，目的地整个系统的和谐性较高。7类城市公共休闲空间中，厦门体育休闲空间与居民休闲需求的耦合协调度最低，统计期间年平均值为0.6176，刚刚达到初级协调水平。厦门体育休闲区的发展在2017～2020年与厦门居民休闲需求系统的耦合协调度出现了较为明显的快速提升，这也是得益于近年来厦门加大了对公共体育设施的投资与建设。

| 第五节 |

小结

本章在对现有耦合协调评价模型进行归纳总结的基础上，构建了主客休闲旅游需求与城市公共休闲空间系统耦合评价模型。基于2011～2020年的数据，分别对厦门游客旅游需求、居民休闲需求和城市公共休闲空间系统之间的耦合关系进行实证分析，还分析了游客旅游需求、居民休闲需求和城市公共休闲空间7个子系统之间的耦合关系，得出以下结论。

（1）游客旅游需求、居民休闲需求和城市公共休闲空间系统之间存在明显的耦合协调关系，系统间各要素相互作用、彼此影响，并通过系统内部要素的组织和演化，使得游客旅游需求、居民休闲需求和城市公共休闲空间彼此协调发展。在总结现有耦合评价模型的基础上，构建了两者耦合评价模型和评价指标体系。其中，游客旅游需求主要指标包括国内旅游人次、国内旅游收入、入境旅游人次、旅游外汇收入；居民休闲需求指标包括常住人口；城市公共休闲空间体系由城市公园绿地、城市广场、滨水休闲区、商业休闲区、体育休闲空间、文化休闲空间和旅游景区（点）7个子系统构成。

（2）游客旅游需求、居民休闲需求和城市公共休闲空间发展水平都有了大幅度提升。其中，游客旅游需求综合评价指数从2011年的0.3345提升到2019年的1，居民休闲需求综合评价指数从2011年的0.7413提升到2020年的1，城市公共休闲空间发展水平综合评价指数从2011年的0.4377提升到2020年的1。说明2011～2020年，厦门人口快速增长，旅游业和城市建设都取得了巨大的成就。

（3）游客旅游需求、居民休闲需求和城市公共休闲空间系统的耦合度C值分别处于0.9～1和0.6～1，说明厦门市游客旅游需求与城市公共休闲空间两个系统处于高度耦合状态，两系统之间相互作用力较强，两个系统的耦合作用能够有效地促进厦门市旅游业的快速发展。而居民休闲需求与城市公共休闲空间两个系统的耦合度从2011年初级耦合状态，快速上升至2018年的良好耦合阶段，到2020年达到完全耦合，表明2018年以后两系统之间相互作用力较强，厦门城市公共休闲空间能够有效满足厦门人口增长带来的居民休闲需求。

（4）厦门市游客旅游需求与城市公共休闲空间系统的耦合协调度从2011年的0.6021提升到2019年的0.9496，说明厦门市游客旅游需求与城市公共休闲空间的耦合协调度呈现了较快的增长，耦合协调等级经历了"初级协调、中级协调、良好协调、优质协调"4个阶段。厦门市居民休闲需求与城市公共休闲空间系统的耦合协调度从2011年的0.7351提升到2020年的1，说明厦门居民休闲需求与城市公共休闲空间的耦合协调度保持了较为稳定的增加，耦合协调等级经历了"中级协调、良好协调、优质协调"3个阶段。游客旅游需求、居民休闲需求和城市公共休闲空间系统的耦合发展态势都十分喜人。

（5）厦门游客旅游需求与城市公共休闲空间子系统的耦合协调水平都从初级协调水平提升到优质协调高级水平。其中旅游景区（点）的耦合协调度一直处于领先地位，体育休闲空间的耦合协调度最低，平均值为0.6046，刚刚达到初级协调水平。厦门居民休闲需求与城市公共休闲空间子系统的耦合协调水平基本处在优质协调的高级水平，只有体育休闲空间的耦合协调度最低，平均值为0.6176。说明厦门城市公共休闲空间子系统中的体育休闲空间建设起步较晚，但发展较快。通过对比分析可以看到，虽然游客旅游需求、居民休闲需求与城市公共休闲空间各子系统耦合协调强度存在差异，但各系统间的差异较小，只有体育休闲空间的耦合协调度较低，说明各子系统之间的耦合互动和协同作用，不仅使游客旅游需求、居民休闲需求和城市公共休闲空间各子系统的和谐性得以提升，也使旅游目的地整个系统的和谐性提高。

通过上述五方面的综合分析可以得出，厦门游客旅游需求、居民休闲需求与城市公共休闲空间供给系统之间达到了较高的协调发展，说明厦门的主客共享建设初见成效，已经形成主客共享的新空间。

第五章

厦门城市公共休闲空间
主客共享的实践分析

　　主客共享不同于传统旅游为游客设置专属旅游目的地的方式，它是游客与当地居民共享目的地的城市空间，游客更多地进入当地居民的日常空间，进一步体验当地文化。在对全域旅游、共享空间发展脉络进行阐述的基础上，本书前序单元对城市公共休闲空间的主客共享关系和全域旅游进行了系统回顾和研究，提出了指标体系的构建和评价模型。

　　在指标体系和评价模型建立后，应着重关注空间内具体的服务和功能，这些是对于空间的具体支持。本章将在实证研究的基础上继续对主客空间的耦合关系进行探讨，用具体实例，对空间和场景内的主客互动方式、服务体系建构、城市功能拓展等进行分析研究，用以检验指标体系和评价模型。所选取的实例分别为厦门海湾公园、厦门山海健康步道、厦门城市公园、厦门夜间旅游服务、厦门自驾车旅游服务，基本涵盖了厦门代表性的主客共享空间和游憩场景。

| 第一节 |

全域旅游视角下城市公共休闲
空间主客共享行为研究

——以厦门海湾公园为例

　　随着城市化的不断加深和全域旅游的兴起，旅游空间范围不断扩大，城市公共休闲空间不仅能满足居民的休闲生活需求，也日益成为游客的旅游新选择。为了进一步推动城市公共休闲空间的建设，满足主客双方不断升级的休闲需求，本书以厦门海湾公园为例，运用问卷调查法，对公园中主客共享行为展开研究。针对城市公共休闲空间主客共享存在的问题提出建议，为打造主客共享型城市公共休闲空间提供有益的探索，进一步推动旅游目的地全域旅游的发展。

一、引言

随着我国社会经济的不断发展，生产力水平的不断提高，城市居民逐渐摆脱繁重的劳动，拥有了更多的闲暇时间。同时，随着城市发展水平的提高，城市功能趋于完善，城市公共休闲空间成为居民休闲活动的重要载体。此外，随着国家全域旅游的不断推进与深化，游客的需求也从景点，延伸至全身心地融入当地生活，这使游客不仅想看风景，还想要体验当地的"生活"，感知当地独特的文化内涵，游客行为已经从游览广度转变至体验深度。

文化内涵是旅游的核心，它存在于旅游目的地公共休闲空间，在这一空间内本地居民和外来游客将会发生住宿、交通、餐饮、娱乐、购物等方面的交互行为，这种交互的行为方式具备一定的社会文化特点，并且主客双方在发生互动过程的前、中、后阶段不可避免地会出现文化冲突或文化认同，如何在两者之间进行调试以促进主客友好关系的构建，使得旅游目的地在吸引游客、带动城市旅游业发展的同时，提升本地居民的生活水平与质量、树立城市形象、凝聚城市精神、推动城市的现代化发展。

城市公共休闲空间主客共享的提出，不仅需要兼顾居民与游客的基本需求，还需要在获得尊重和自我实现上提出新的服务触点，使公平感和幸福感得到对应的提升。在研究主客双方行为时，除了考虑交通、公共空间设施建设等公平性质的客观条件，还需要重点关注其行为态度及诉求。当主客关系发展友好后，主客间的互动会促进双方体验的提升，形成你中有我、我中有你的局面，使城市公共休闲空间的构建更加和谐有序、有理可循，公共资源得到有效利用，社会资源也得到合理配置，这将有利于全域旅游的进一步深化。

本节从设施、信息、行为、情感4个层面对厦门海湾公园的主客共享行为进行调查研究，以期发现城市公共休闲空间实现主客共享存在的问题，并提出相应的解决措施，逐步推进旅游目的地城市公共休闲空间主客共享机制的建设。

二、文献回顾

（一）城市公共休闲空间

城市公共休闲空间由硬件和软件组成，硬件由城市基础设施、安保支撑系统等组成，软件则由相关制度法规、城市文化等构成。在硬件上，黄芸璟、彭震宇（2021年）从城市空间资源角度谈共享，认为高品质的城市发展需要完善的公共服务设施配置，因此资源的分时共享和功能复合利用成为发展趋势[57]；在软件上，王九位（2010年）提出了旅游目的地信息共享交叉模式的整合模型来协调各方利益主体，达到多方主体在交互关系中高效办事的目的[58]。这都在城市公共休闲空间的资源利用和协调主客方面存在借鉴意义。白荞祯（2015年）总结我国城市公共休闲空间存在以下主要问题：市场在公共休闲领域的供给失灵，公共休闲服务供给和管理职能分散，休闲资源配置不足、不均衡等[45]；马聪玲（2015年）总结出自21世纪后我国公园发展演变呈现的4个特征：建设大型化，推动新城发展，发展呈大众化、公益化，外溢效应明显[66]；李海建（2020年）则对居民对城市公共休闲空间的满意度进行了研究，并构建居民满意度评价体系，得出结论：居民体验期望值较高，而满意度不高，在此基础上建议通过从垃圾分类回收、厕所生态化建设、无障碍通道设置、公共休闲文化活动开展等方面改进，提高居民满意度[43]。但现有研究鲜少从主客互动视角对城市公共休闲空间的服务展开讨论。

（二）主客互动研究

在国外研究中，主客互动关注较少，更多关注东道主和游客对旅游的态度和关系，罗宾·纳右（Robin Nunkoo），2016年从居民的权利和对旅游参与者信任两个维度，探讨了居民对旅游发展的积极和消极两种态度[67]；扎哈尔琴科（P.Zakharchenko）等人（2021年）在旅游业可持续发展这一话题上，提出旅游企业责任和政府引导需要考虑游客的利益[68]。

国内的研究中，主客互动在文化与旅游方面提到最多，李竹等人（2018年）从乡村振兴角度阐述了如何在新型乡村公共空间构建中形成主客互动内容[69]；王磊磊（2020年）从顶层设计角度出发，研究了在文旅融合、城市发展方面的主客互动之路[20]；李阳（2021年）在"主客共享"理念下提出了一系列文化和旅游公共服务融合的实践性举措，如公共文化服务嵌入旅游中转集散地（高速服务区、火车站等）、标志性公共文化设施串联旅游打卡路线，成为"文化路线"或"文化圈"等[70]；李力、苏俊仪（2019年）提出互动本真性，认为共享住宿中的顾客通常是为了寻求更多的社会归属感和认同感，希望通过共享住宿方式融入当地社会，以满足游客"像本地人一样生活"的需求[71]。在主客互动行为研究上，王建芹（2020年）提到游客正由"顾客公民行为"向"游客公民行为"转变，并构建主客互动模型，认为主客互动质量高低决定体验价值，体验价值受东道主好客度影响，体验价值引发游客公民行为[72]；罗雯婷等人（2020年）从物品互动、信息互动、行为互动、情感互动4个层面对民宿中主客互动方式重要性的感知差异进行了定量研究[73]。

三、研究方法

（一）案例地选取

厦门海湾公园位于福建省厦门市思明区西堤东路49号，距离思明区中心1.7千米，西南临鼓浪屿风景名胜区，南临演武大桥、白城沙滩，东南临厦门市植物园、中山公园，是目前厦门最临海的公园，具有天园、地园、草园等7

个区域的风景，占地20.01万平方米，地势平坦，是观赏日落、玩沙戏水、野餐聚会的绝佳场地。除此之外，海湾公园拥有多项娱乐设施，如跳楼机、旋转木马等。并且在公园南部引入厦门首座湿地公园，兼具生态、游憩、娱乐、研学等功能，是当地居民、外来游客进行游玩的热门地点。

截至2021年5月2日，厦门海湾公园在小红书上有4万多篇笔记，其中热度最高的一篇笔记收获了3万次点赞、7057次收藏、讨论908条。在高德地图上搜索"海湾公园"，发现该公园位于全城必游榜前10名，年轻潮玩榜前4名；在美团上居厦门看海赶海榜第8名、综合评分4.5分、拥有1697条评论，综合评分比著名景点鼓浪屿高0.2分、比白城沙滩高0.3分，是综合评价较高的城市公共休闲空间，具有一定研究价值。

（二）研究设计

为调查研究"厦门市海湾公园城市公共休闲空间主客共享行为"，实现主客双方和谐共处、共享共建城市的目的，本节采用问卷调查法，深入调研主客双方行为偏好和特点。本节参考罗雯婷等人提出的主客行为方式4个层面的研究成果，构建了主客互动的4个维度，包括设施互动、行为互动、信息互动、情感互动。问卷分为两种，一种针对外来游客，另一种针对厦门当地居民，本次问卷分为线上和线下两种方式。线上通过问卷星展开在线调查，线下在厦门海湾公园展开实地调研。问卷调查于2021年12月7日开始，2021年12月31日截止，共发放问卷243份，回收196份，有效率为80.7%。

四、数据分析

通过对回收的有效问卷进行整理（表5-1）可知，外来游客中女性占比较高，为79.12%，男性占比为20.88%；而本地居民的男女比例相差不大，但相对来说，女性占比更高。从年龄层面来看，被访者多集中在18～22岁，公园被访者以年轻群体为主。从受教育程度层面来看，被访者为本科的占比最高，说明被访者样本国民素质相对较高。职业调查中，游客与居民都以学生为主，企业职员为次。

表5-1　样本基本情况

统计项	细分类别	游客（%）	当地居民（%）
性别	男	20.88	46.67
	女	79.12	53.33
年龄	18 岁以下	6.59	15.24
	18 ～ 22 岁	74.73	56.19
	22 ～ 30 岁	16.48	19.05
	30 ～ 40 岁	2.2	6.67
	40 岁以上	0	2.86
受教育程度	高中（中专）及以下	5.49	14.29
	大学专科	23.08	17.14
	本科	62.64	62.86
	研究生	8.79	5.71
职业	学生	76.92	67.62
	公务员	1.1	0.95
	事业单位职工	2.2	3.81
	企业员工	8.97	20.95
	离退休职工	1.1	0.95
	个体经营者	1.1	4.76
	其他	8.79	0.95
月收入	2000 元及其以下	53.85	45.71
	2000 ～ 5000 元	29.67	23.81
	5000 ～ 8000 元	7.69	18.1
	8000 ～ 11000 元	3.3	0
	11000 元以上	5.49	12.38

（一）设施层面

设施层面主要针对外来游客与当地居民对设施的满意度展开调研，通过对数据分析后发现，在停车位数量方面，**58.24%** 的游客认为一般，当地居民中 **42.86%** 的人认为当前停车位数量紧张。停车费用方面，**70.33%** 的外来游客认为还行，**10.99%** 的游客认为费用高；当地居民中 **67.62%** 的人认为还行，**16.19%** 的人认为费用高，两条曲线基本重合，由此看来，停车费用相对合理。

对于公交拥挤程度的调查中，58.25%的游客认为一般，但是有41.9%的当地居民认为拥挤，说明当地居民对公交拥挤程度的感知较强烈，而游客的包容性更高。

通过分析发现，游客对休闲游憩设施、新建娱乐项目、公园厕所和指示牌4种公共设施的满意度普遍较高，四条满意度折线弯曲程度相似，说明游客对不同设施态度相似。值得一提的是游客对公园指示牌和地图的满意度最高，占49.45%（图5-1）。游客在选择公园设施的行为中，草坪的占比最高（31.87%），其次是专门用于拍摄的景点（29.67%），最后是长椅或凉亭（25.27%）。这对后续旅游项目构建具有参考意义（图5-2）。

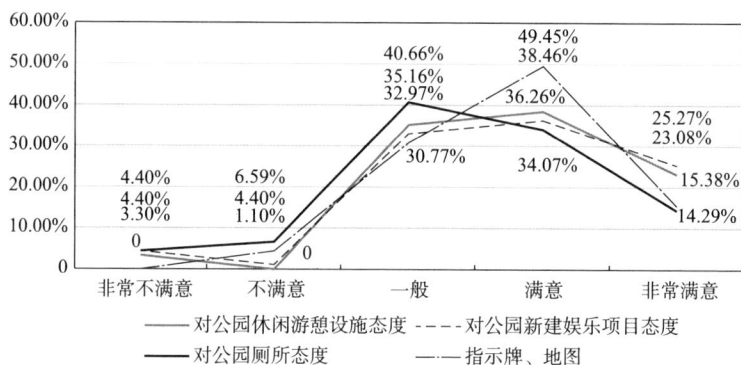

图5-1　游客对设施层面的满意度

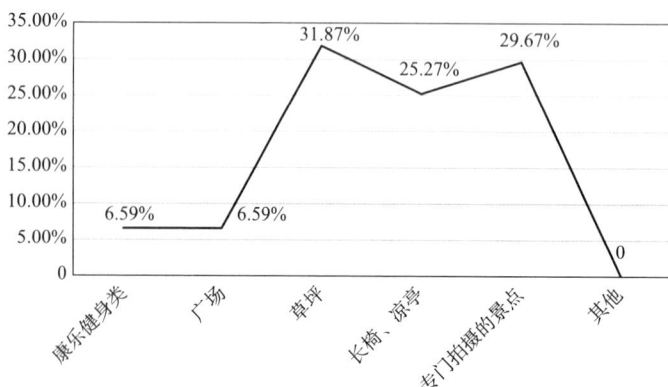

图5-2　游客对公园设施偏好情况

（二）信息层面

信息层面主要针对游客与当地居民的信息交流互动，通过分析发现，游客与当地居民信息交流的内容主要集中在旅游信息问询（46.15%）、随意交谈（43.96%）和困难求助（36.26%）3个方面（图5-3）。当地居民对与游客信息交流互动内容的态度中，与游客随意攀谈占比最高（58.10%），其次是乐意解答游客的困难求助（46.67%），以及旅游信息问询（40.95%）。由此看出，居民较为乐意与游客进行攀谈，但在旅游信息问询上缺少更加强烈的主人翁意识（图5-4）。

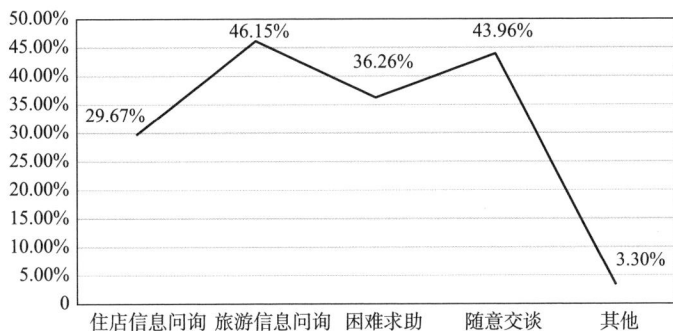

图5-3　游客与当地居民信息交流互动的内容

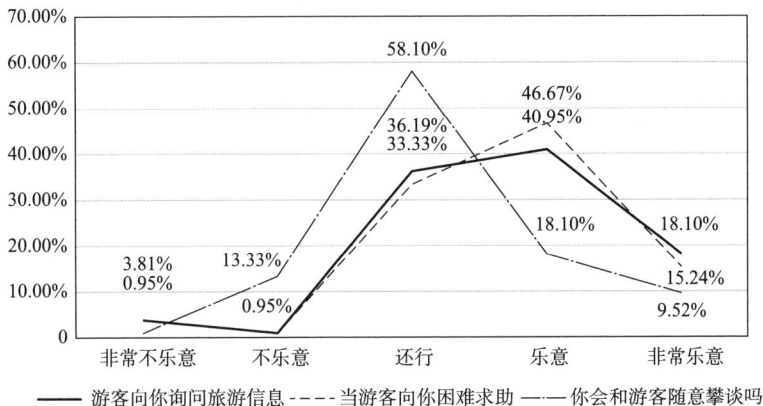

图5-4　当地居民对与游客信息交流互动内容的态度

（三）行为层面

在行为层面主要针对游客与当地居民的行为方式，通过分析发现，在公园休闲活动类型这一选项中（图5-5），游客和当地居民的选择较为相似，散步占比最高（分别占61.54%和74.29%），其次是观光（均占比60%左右），文化活动占比较低（分别占58.24%和52.38%）。由此可见，散步、观光仍然是公园的主要功能。

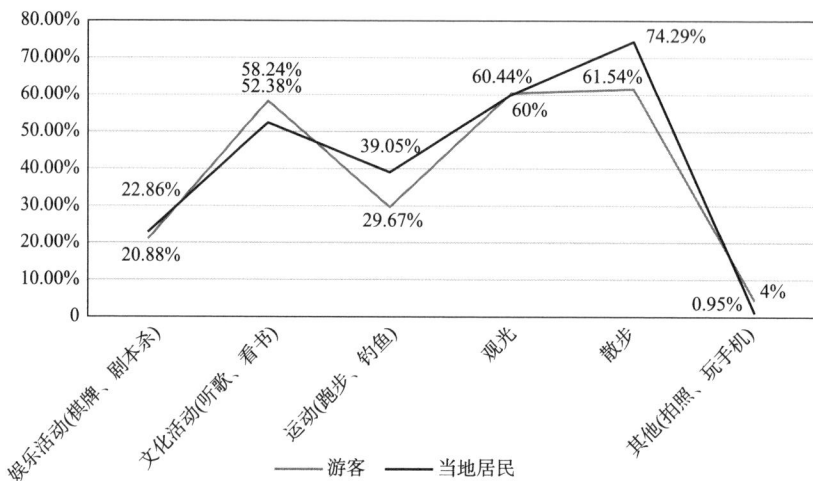

图5-5　游客与当地居民在公园休闲活动类型的选择行为

为了进一步研究游客在公园的互动行为，从"分享互动"和"体验互动"两个纬度进行调研。首先分析"分享互动"这一纬度，发现50%以上的游客有着拍照分享到社交平台的明显意愿。在"体验互动"纬度，同样有50%以上游客会观察当地居民生活状态、行为方式，70%以上的游客愿意感受当地生活。由此可以看出，游客的旅游行为向深度旅游转变，不再是"走马观花"式旅游，会观察当地居民生活状态，并融入当地生活，进行深度的文化体验。

（四）情感层面

情感层面主要包括当地居民对游客的感知和游客的满意度两个纬度。

1.当地居民对游客的感知

当地居民对游客的感知包括当地居民与游客共享公园的意愿、对游客公园行为的感知两个方面。

首先，关于当地居民与游客共享公园的意愿调研发现，愿意跟游客推荐公园的居民占60%，这些居民中，最期待游客能带来"公园基础设施完善升级""旅游公共服务设施完善升级"和"城市基建升级"，分别占比83.33%、65.69%和52.94%；其次是增加当地居民收入（占比为46.08%）和提供新的就业机会（占比为37.25%）。由此可以看出，居民还是比较关注公园、城市硬件设施和公共服务设施等问题（图5-6）。

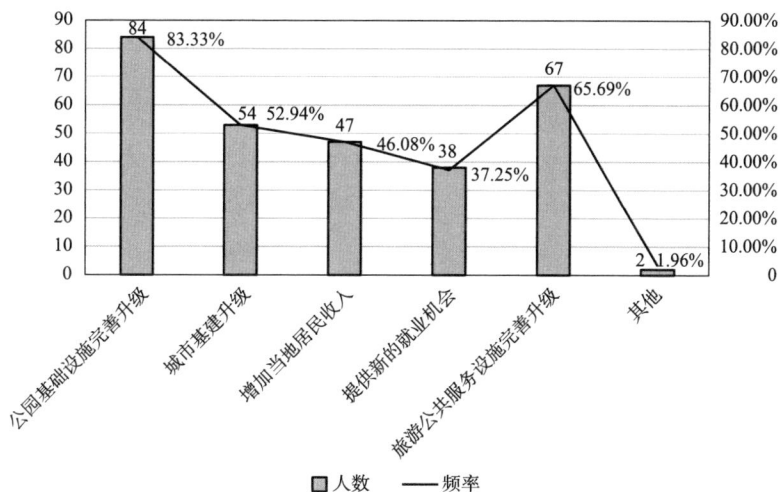

图5-6 当地居民认为与游客共享公园的好处

那些不愿意向游客推介公园的居民主要表现出对游客到来后的担忧，认为会出现停车难（35.16%）、环境卫生变差（35.16%），交通拥挤（6.59%）和物价升高（2.2%）等问题（图5-7）。

此外，通过当地居民对游客公园行为的感知调研发现，61.9%的当地居民认为游客的态度还算友好，31.43%的当地居民认为游客的态度是比较友好

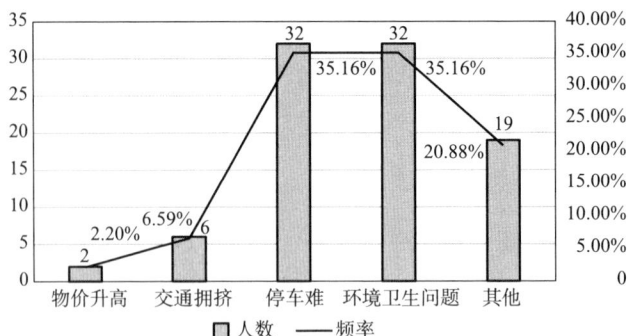

图5-7　当地居民对与游客共享公园的担忧

的，这说明主客之间没有明显的文化冲突，能够良好沟通；当地居民对游客共享公园空间的感知方面，53.33%的当地居民表示游客的到来不会打扰到他们的休闲空间，认为完全不打扰的占11.43%，认为非常打扰和打扰的各占0.95%（图5-8）。说明厦门当地居民作为"主人翁"，比较认可与游客共享公园，抵触情绪很低，已经形成主客互动的氛围。

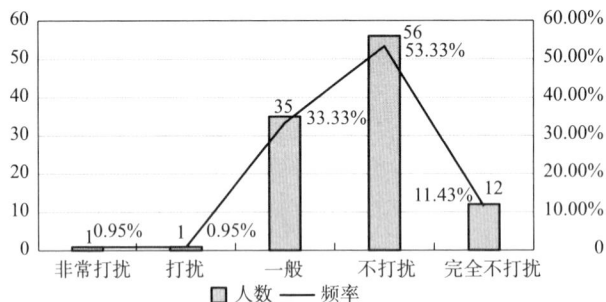

图5-8　当地居民对与游客共享公园空间的感知

2.游客的满意度

通过对游客满意度的调研发现，52.75%的游客旅游后感觉到幸福，7.69%的游客感到非常幸福，38.46%的游客认为感受一般，只有1.1%的游客认为不幸福。说明游客旅游后幸福感较强，满意度较高，这与旅游后反馈行为正相关。43.96%的游客对公园中的主客互动表示包容理解，21.98%的人选择无感，16.48%

的游客选择口碑推荐，16.48%的游客选择建议反馈，1.1%的游客选择投诉不满。由此可见，游客对公园的主客互动也比较认可，主客互动已产生良好的效应。

（五）小结

通过对厦门海湾公园的当地居民和外来游客在主客互动，即设施、行为、信息、情感4个维度的调研，得出以下结论。

1.主客互动情感基础较好

当地居民对游客共享公园持比较积极的态度，大多数认为不会打扰到自己的生活空间，同时认同游客的友好态度，愿意与游客友好互动。游客也对体验当地文化充满兴趣，愿意与当地居民友好互动，包括会观察当地居民行为和愿意融入当地生活。这为主客共建共享提供了情感基础。

2.主客互动氛围已形成

游客的主客互动意愿较强，愿意与当地居民沟通交流，旅游后幸福感普遍较高且愿意积极推荐、拍照分享。当地居民也较乐意与游客进行攀谈，认为游客态度友好，比较认可与游客共享公园，主客间已经形成互动的氛围。

3.主客共享设施受到关注

游客由于旅游的暂时性、异地性，对公共休闲空间的基础设施，如停车场公共交通要求不高，包容性强。但当地居民进入公园的频次多，对公园基础设施体验更为频繁，要求更为严格，对公共休闲空间变为旅游目的地观光点有一定的担忧，主要体现在公共交通和环境卫生问题。

五、结论与启示

（一）厦门海湾公园主客互动存在的问题

1.缺少主客互动的休闲场景

公园不仅是当地居民休闲的主要场所，也成为外来游客打卡旅游的新空间。厦门海湾公园景观较单一，以草坪为主，缺少主客互动场景的营造，无法让游客更好地体验当地文化和生活，难以与当地居民互动和交流。以福建省晋江市梧林传统村落为例，当地居民习惯在大榕树下喝茶聊天，游客可以参与体验，实现主客互动。

2.缺少主客互动的休闲活动

厦门海湾公园的休闲活动仍以散步、观光为主，缺乏深度体验的文化活动，尤其缺乏具有本土文化特色的文化体验活动，例如，地方戏曲欣赏、地方传统手工艺体验、地方美食品尝等。海湾公园中的湿地公园、娱乐设施等空间联动不足，学、玩、游等活动空间相对割裂，未形成完整、连贯的休闲活动路线。

3.主客共享的公共服务体系不够完善

到访厦门海湾公园的居民对主客共享设施的不满主要体现在认为停车困难、公交拥挤、环境卫生差等，游客则认为海湾公园缺少特色的人文拍照打卡点，不利于其在社交媒体的互动分享。

（二）厦门城市公共休闲空间实现主客共享的建议

1.营造主客互动的休闲场景

对游客来说，城市公共休闲空间是沉浸式体验目的地的美好生活、感知城市记忆的人文空间；对当地人来说，它是享受美好生活、品质生活的生态空间。营造主客互动的休闲场景需要以创意营造城市生态人文空间，例如，在公园营造具有闽南文化与海洋文化互动体验的场景，设置泡茶讲古区域，公共基础设施用海洋、闽南元素设计等。一方面增加居民休闲的空间，增强居民认同感；另一方面拓展游客的休闲活动，增加游客体验当地文化的途径。游客拍照打卡分享已成为一种新的旅游行为，城市公共休闲空间还应注重人文特色的软植入，如在公园内设置具有厦门文艺标签的打卡点，放置如"我在厦门……（看海、吃烧烤、露营）"的标语增强游客的体验感。

2.打造主客互动的休闲活动

旅游是城市文化对外输出最好的媒介，展示城市文化脉络、创新城市文化内容必不可少。可以在公园内规划出专门的区域，引入闽南地方戏曲和传统手工艺等项目，实现主客文化间的互动交流；也可以与周边特色酒店、文化场馆等合作，打造闽南市集，开发图书借阅等服务，丰富主客互动内容，使游客体验当地生活和美食；还可以在专门区域内设置露营设施，满足居民和游客新的休闲需求。通过举办各种文化和体育休闲活动，释放城市公共休闲空间的魅力，一方面提高外来游客的体验，另一方面增强当地居民的认同感，真正实现主客共享。

3.完善主客共享的公共服务体系

完善主客共享的公共服务体系，一是要推进智慧旅游信息化服务，如开发旅游厕所电子地图和智慧停车App，推出"一厕一码"服务，方便主客体验，提高满意度；二是要完善公共体育设施人性化服务，完善健身步道，打造"便民驿站"，为居民、游客提供24小时存包、更衣等便利服务；三是要推动城市公共休闲空间与城市中心、机场、高铁站等交通枢纽的无缝接驳，逐步延伸至其他重点旅游景区互通。

| 第二节 |

主客共享型城市公共休闲
空间的服务创意研究

——以厦门山海健康步道为例

近几年，人们对户外运动、短途旅游的需求日益强烈，城市中的公共休闲空间不仅是居民日常的休闲场所，也逐渐成为游客的旅游目的地。所以主客共享型城市公共休闲空间的服务建设也越来越重要。本节以厦门山海健康步道为例，在对其实地考察的基础上，通过收集游客与居民的反馈问卷，进行数据分析，提出主客共享型城市公共休闲空间服务创意提升的措施。

一、引言

2015年，国家旅游局（现为文化和旅游部）召开全国旅游工作会议，就"全域旅游"这一主题探讨出一种全新的市场观：主客共享的休闲目的地。城市的公共休闲场所中不仅有当地居民，还有外来游客。居民的休闲和游客的旅游不再是简单的二元化，而是逐渐交叠融合。居民和游客都受益于城市旅游的发展，共享城市空间和旅游资源。居民在城市中享受休闲，游客在旅游中获得体验。戴斌在2019年做主题为"携手培育主客共享的美好生活新空间"的演讲时，提出要顺应旅游团体散客化、旅游消费休闲化的新局面，上至戏剧场、下至菜市场等市民生活和公共休闲的全部场所实行无差别开放，来满足全面小康时代游客们的新需求。

对于一个城市来说，当地居民与外地游客共同使用城市的公共空间已经成为常态，能否让游客的旅程与居民的生活能够互相交叠却又不完全融合的关键就在于公共休闲空间的服务设计。随着新兴旅游方式的出现，城市公共休闲空间逐渐成为居民和游客的主要休闲旅游场所，人们可以更多地参与到休闲活动的各个方面，对公共休闲空间的服务和品质要求也越来越高。游客为城市带来了资金、人员和信息的流通，改变了城市原本的生态格局，重塑了居民和游客的关系。随着居民和游客的不断交流，旅游的现代性问题也越来越突出。居民是城市公共休闲空间的"东道主"，他们的生产和生活场景也是吸引游客的因素，同时也吸引开发商在旅游建设中进行投资。游客和居民在经济、社会和文化这3个层面上产生了不可调和的矛盾，双方的不满慢慢凸显，最终造成主客关系破裂的局面。所以为了应对国内旅游发展的新趋势，需要对主客共享型城市的公共休闲空间进行服务的提升。

本节以厦门山海健康步道为例，通过对厦门山海健康步道的实地调研，收集并整理当地居民和外来游客对厦门山海健康步道的意见与建议，探讨主客共享型城市公共休闲空间服务创意的问题，提出能够提升厦门山海健康步道服务创意、提高设施有效利用率的解决方案，以期能为我国主客共享型城市公共休闲空间的服务提升提供参考。

二、文献回顾

（一）主客共享

国内学者对主客共享的概念提出了不同的观点。徐黎一（2019年）认为"主客共享"是指一切与旅游产业相关的资源、设施、娱乐活动，其中的客源来自外来游客与当地居民。城市旅游发展的食、住、行、游、购、娱这六大要素，不仅满足外来游客的需要，与当地居民的生活也息息相关，城市旅游服务建设为游客提供优质的旅游服务质量，也为当地居民提供一个良好的公共休闲场所[53]；陈业玮、龚水燕（2020年）认为旅游目的地的主客共享，是指在旅游目的地的两个利益相关方，即"主""客"（居民和游客）通过共同分享旅游目的地的空间和环境、生产和生活，实现在经济、社会、文化方面的公平和共赢，主客分别从游客体验感知和居民利益权衡两个方面实现共享[52]。

（二）公共休闲空间

《国民旅游休闲纲要（2013—2020）》提出"要加强城市公园、街区、环城市游憩带的服务建设，营造居民休闲空间"[74]。休闲活动能使人们身心放松、改善身心健康，多元化、新颖的休闲形式对休闲场所的发展起到了促进作用，城市公共休闲空间已成为居民和游客进行休闲旅游活动的重要载体。赵广英、宋聚生（2021年）在对深圳市城市公共空间规划的调研中，提出"公共空间"是一种户外、室内空间，为人们的日常生活、社交活动提供场所[75]；宗彦（2014年）则认为公共休闲空间是政府为公众提供的、非盈利性的、开放式的公共场所，为公众提供社交和娱乐，是举行各类户外活动的一种空间形式[37]；任波（2016年）指出公共休闲空间是面向公众开放的、具有一定规模的、非盈利性质的、经过有意识的规划和设计的公共环境[38]；范小金（2004

年）认为城市公共休闲空间是一种可以让人在自由时间内自发地进行的、自我满足的活动的场所，目的在于放松身心，缓解疲劳，通过观光、兴趣参与、随机交往等方式，实现自身发展的需求[39]。

国内学者对公共休闲空间的研究取得了丰富的成果，其中学者们普遍关注具体城市的公共休闲空间演变规律。高聪颖（2018年）研究了宁波市民使用公共休闲空间状况[41]；张海霞（2019年）等以杭州市为例尝试探索公共休闲空间构型的社会幸福效应[42]；李海建（2020年）以徐州市为例对城市公共休闲空间居民满意度进行研究[43]。总体而言，现有研究多侧重于城市公共休闲空间的空间规划与市民使用情况，较少关注公共休闲空间的服务建设，而在全域旅游的热潮下，我国城市公共休闲空间的服务创意研究是一个不容忽视的话题。

（三）公共服务

最早提出"公共服务"一词的是19世纪德国学者阿道夫·瓦格纳。1912年，法国学者莱昂·狄骥从法律角度对"公共服务"概念进行了界定，指出"一切因其与实现、与增进社会和谐密不可分，必须由政府来加以规范和管理的行为，都是一项公共服务，只要它具有在政府介入的情况下，才能得到保障的特征"[76]。随着公共管理理论的新发展，我国学者提出政府不是公共服务的唯一提供者，徐霞（2010年）认为公共服务是指为了满足公众的需求，维护公共利益，政府或其他非营利组织在合法范围内，对纯粹公共物品、混合公共物品以及私人物品的生产和供应中的行为[77]；张序（2010年）认为公共服务主要是指公共部门为了直接满足公民基本的、具体的公共需求，生产、提供和管理公共产品及特殊私人产品的活动[78]；王毓（2006年）提出公共服务主要包括公共政策、公共设施、公共秩序、公共安全、公共卫生。公共服务可以提供公共产品、混合产品或者私人产品[79]。

公共服务与人民生活的保障和改善、社会的公正公平等息息相关，周韵（2021年）等指出城市发展离不开人才的竞争，吸引人才的关键因素之一是城市公共服务设施的发展水平，舒适的居住条件、优美的城市环境、良好的教育资源、一流的医疗水平等都是重要的吸引力。这说明要实现产业和人口的均衡布局，必须不断提升城市公共服务水平，公平分配城市公共资源，从而实现可持续发展[80]。"十四五"规划提出，要加快完善公共服务基础设备，强化薄弱环节，提高公共服务质量和水平，培育和规范公共服务的建设主体，打通和规范公共服务的参与渠道，促进服务供求更加合理，更加有效地配置公共服务，推动我国经济和社会的高质量高水平发展[81]。

（四）服务创意

近年来，"创意"成为热门词汇，出现许多与创意相关的新概念，如创意理念、创意城市、创意社区等。"创意"是在一定情况下，由技术、商业、文化、艺术等各种形式所构成的新事物的总称，是依靠个体的创造力实现的。随着"创意时代"的来临，创意经济已成为社会经济发展的热点，学术界对此展开了相关研究，但是缺乏对由创意衍生出的众多概念的系统总结与分析[82]，服务创意来源于企业管理，但还缺乏权威性定义。温带宝（2012年）在研究中提出服务创意就是立意谋划服务功能[83]。部分学者从不同角度尝试对服务创意进行研究，刘艳红、袁俊（2016年）基于马斯洛需求层次论对海底捞的服务创意进行研究[84]；谢可可（2021年）基于OECD创意经济数据，对中国创意服务国际竞争力及影响因素进行分析[85]。但现有研究都缺乏对服务创意如何推动城市转型发展的相关研究。

三、厦门山海健康步道现状分析

"步道"（Trail）这个概念最早产生于美国，1921年美国第一条阿巴拉契国家步道问世，全长3500多千米。1968年，瑞士苏黎世首次出现了健身步道；1972年，欧洲各地出现了数百条健身步道。目前美国和日本已经建成遍布整个国家的步道网络。

2010年国务院发布的《全民健身计划（2011—2015年）》中提出"充

分利用公园、绿地、广场等公共场所和山水等自然条件，建设公共体育设施以及健身步道、登山道等户外运动设施"；2017年和2018年国家体育总局分别颁布了《登山健身步道配置要求（标准）》和《健走步道配置要求（标准）》；2018年，国家体育总局、国家发展和改革委员会、财政部等12个部门制定并发布了《百万公里健身步道工程实施方案》和《合成材料面层健身步道要求》。随着《百万公里健身步道工程实施方案》的发布，我国的健身步道项目正式启动。中共中央办公厅和国务院办公厅联合发布了一份文件，进一步明确了健身步道对我国实施全民健身战略的重要性。《福建省全民健身实施计划（2021—2025年）》提出了一些工作要求，其中包括改善健身场所设施、举办更丰富的体育赛事、发展更有活力的运动团体、提供更多的科学健身辅导，大力发展体育产业，进一步增强全民健身氛围。该文件还提出福建省"十四五"期间至少建设3500千米步道，力争到2025年实现"万里福道"的建设目标。相关政策的陆续出台，推动了国内健身步道的建设，健身步道数量逐年增加。

（一）厦门山海健康步道的概况

厦门山海健康步道是厦门市政府践行绿色发展理念，为满足市民对美好生活的向往，实现打造高素质高颜值生态文明城市目标，而建设的一个城市步道系统。这条步道穿越在城市和山体之间，将城市风光与自然景观、城市通行系统与山体步道系统进行有效连接，打造成厦门市内一条可供居民与游客共同使用的集聚休闲、健身、旅游、通勤等功能的公共休闲空间。

厦门山海健康步道2020年元旦正式开放，步道起点为邮轮码头，终点在观音山梦幻沙滩，将厦门岛中北部的重要的生态节点连接起来，沿途经过"八山三水"（狐尾山、仙岳山、园山、薛岭山、虎头山、金山、虎仔山、观音山、筼筜湖、湖边水库、五缘湾），总长度为23千米，全线共有7座节点桥、16个打卡点、12个特殊观景园、52个出入口，以及若干个观景平台，成为厦门居民休闲观光、运动健身的首选区域（图5–9）。

图5-9　厦门山海健康步道

（二）厦门山海健康步道的特点

1.打造集健身赏景为一体的多元化绿色慢行系统

依据厦门"山、海、城"自然环境特点，厦门山海健康步道打造"一环三水两横两纵"的建设格局，将城市景观与自然风景衔接起来，165千米长的步道与城市山水景观相融，形成一条山海步行通廊，实现生态改善、休闲健身、观景旅游等多功能汇聚，形成集快速公交系统（BRT）、地铁、公交、慢行系统、自行车道为一体的多元化绿色慢行系统。厦门山海健康步道串联起近20个公园，如狐尾山公园、樱花谷、圆山广场等，形成了多处网红打卡点，如狐尾山气象主题公园的海珠塔、樱花谷、玻璃观景平台、流光花径、圆山广场、五缘湾湿地公园等。步道内随处都是美景，到处都能拍照打卡，山海健康步道已成为一条"网红"步道，成为居民和游客休闲旅游的好去处。

2.构建"以人为本"的服务体系

山海健康步道遵循"以人为本"的设计理念，全线合理控制纵坡，沿途配有无障碍电梯8部，步道每1000～1500米设有志愿者服务驿站、自动售卖机、公厕（含无障碍卫生间）、休息平台、便民服务点、健康小屋、母婴室、吸烟室等配套服务设施，满足老人、小孩等各类人群的使用需求。厦门健康步道一共有10个一级入口（有直升电梯），52个二级接驳出入口，平均间隔约280米，其中23个为无障碍出入口，方便市民就近进入步道。为了确保居民在夜间安全通行，步道里灯光和检测系统，对步道进行24小时的管控，同时步道全程设有158个一键求助按钮系统。

3.打造以线上公众平台为主的推广渠道

厦门山海健康步道开设了微信公众号，主要设置两大板块：一是"乐·厦门"，提供一些步道的简介和攻略，还会不定时地推送许多关于步道的活动或摄影竞赛等，并且开通了山海健康步道全线广播点歌台；二是"活·健康"，提供防火防疫措施、注意事项以及步道地图，步道地图是一个步道的实时导航，可以清晰展示自己所在位置以及附近的服务站点、出入口等信息，为出行提供极大便利。

2020年1月1日发布的《厦门山海健康步道》总形象宣传片，吸引了全国游客的关注。随着热播网剧《开端》的爆火，剧中取景地之一厦门山海健康步道七点——回转登山楼梯，成功出圈，迅速晋升为新的网红打卡点，吸引了很多当地居民以及外地游客前来休憩旅游。

总体来看，厦门山海健康步道已成为厦门市主客共享的城市公共休闲空间，积累了较为丰富的公共服务建设经验，具有较高的研究价值，因此本节选取厦门山海健康步道作为案例地。

四、实证研究

（一）研究设计

本节遵循目的明确、由易到难、规避专业术语、问题精简的原则设计问卷。问卷主要针对当地居民和外来游客对厦门山海健康步道的感知进行提问，包括体验、满意度、共享意愿3个方面。问卷调查从2021年12月初开始，线下调查的截止时间是2021年12月20日，线上问卷的收集截止时间是2022年3月10日。主要调查对象为厦门当地居民和外来游客，共收集301份问卷，其中46

份为无效问卷，255份有效问卷，有效率达84.72%。

（二）数据分析

问卷共设置2个问题来筛选调查对象，填写中如发现身份特征为未到过厦门的外地游客，则无法继续进行问卷填写，视为无效问卷。由表5-2可以看出，调查样本中外来游客与当地居民的比例接近，说明厦门山海健康步道是游客与居民都愿意去的公共休闲空间，呼应了研究主题"主客共享"。

表5-2　样本特征统计

样本特征	特征指标	人数	占比（%）
身份	厦门当地居民	125	41.53
	外地来厦游客	130	43.19
	其他	46	15.28
性别	男	119	46.67
	女	136	53.33
年龄	18岁以下	7	2.75
	18～22岁	140	54.9
	23～30岁	56	21.96
	31～40岁	32	12.55
	40岁以上	20	7.84
学历	初中及以下	12	4.71
	高中/中专	38	14.9
	大专/本科	189	74.12
	研究生及以上	16	6.27
职业	企业/公司职员	59	23.14
	科研/教学/技术人员	14	5.49
	政府/事业单位工作人员	12	4.71
	个体/自由职业者	29	11.37
	退休人员	13	5.1
	学生	121	47.45
	其他	7	2.75

1.体验分析

（1）信息来源渠道。通过对比分析主客信息的来源渠道（图5-10、图5-11），发现无论是当地居民还是外来游客，关于厦门山海健康步道的信息多来源于网络媒体，由此可见厦门山海健康步道的网络宣传取得不错效果。在这个互联网极为发达、信息传播速度极快的时代，网络宣传尤其重要。可以加大在社交平台、新媒体平台的宣传力度，扩大知名度。

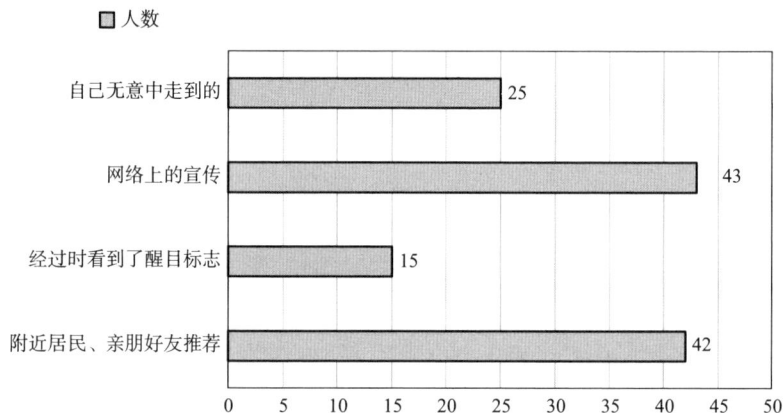

图5-10　厦门本地居民的信息来源

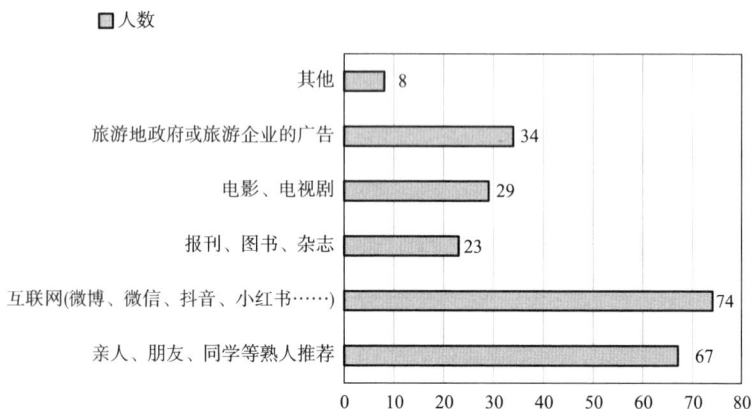

图5-11　来厦外地游客的信息来源

（2）行为偏好。根据行为偏好的调查数据显示（图5-12、图5-13），来厦外地游客以观光休闲、度假休闲、拍照打卡这三类行为居多，分别占总调查人数的70%、50%、43.85%。厦门本地居民以休憩聊天、散步、遛狗、运动（跑步、骑行等）这三类行为为主，分别占总调查人数的55.2%、59.2%、30.4%。分析显示主客在行为偏好上有明显差异。

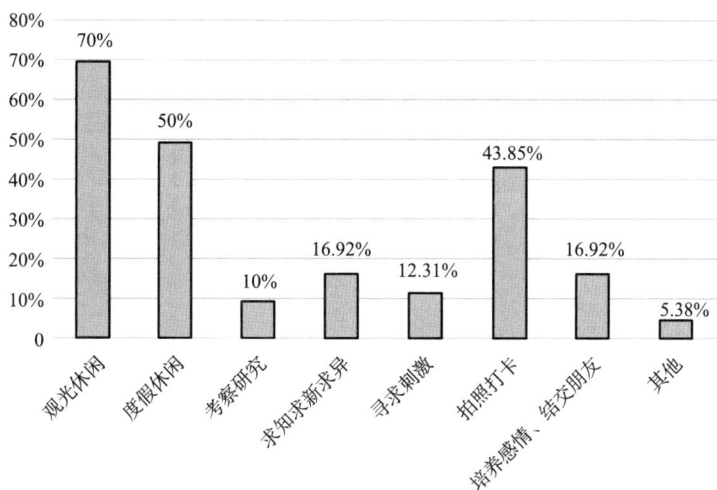

图5-12　来厦外地游客的行为偏好

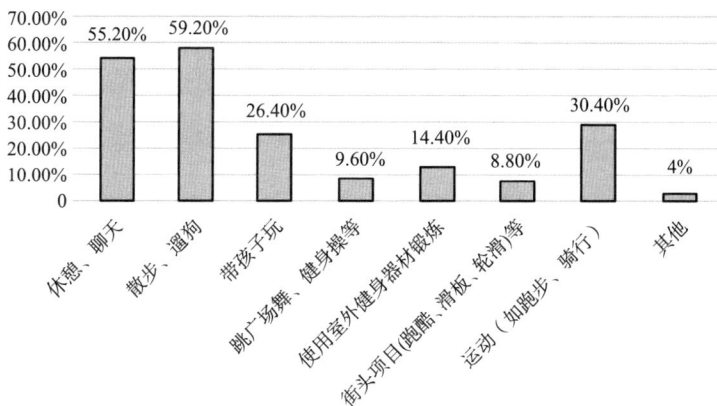

图5-13　厦门本地居民的行为偏好

（3）设施使用情况。根据调查数据显示（图5-14），厦门本地居民与来厦外地游客最经常使用的设施前五名分别为观景平台、休憩点、公厕、座椅、自动售卖机。分析说明主客休闲游览过程中主要偏重休闲设施的使用。

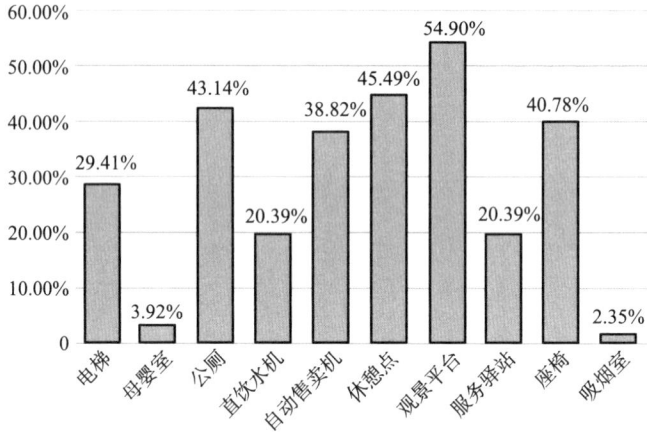

图5-14　居民与游客最经常使用的设施

2.满意度分析

根据调查数据显示（图5-15），居民与游客对厦门山海健康步道的整体满意度较高，并根据问题归纳总结出需要改进的服务设施（图5-16），其中无障碍设施、休憩设施、景观设施、灯光系统、安全设施是居民和游客比较希望得到提升和改进的。通过对居民和游客填写的意见进行整理，得到以下词云

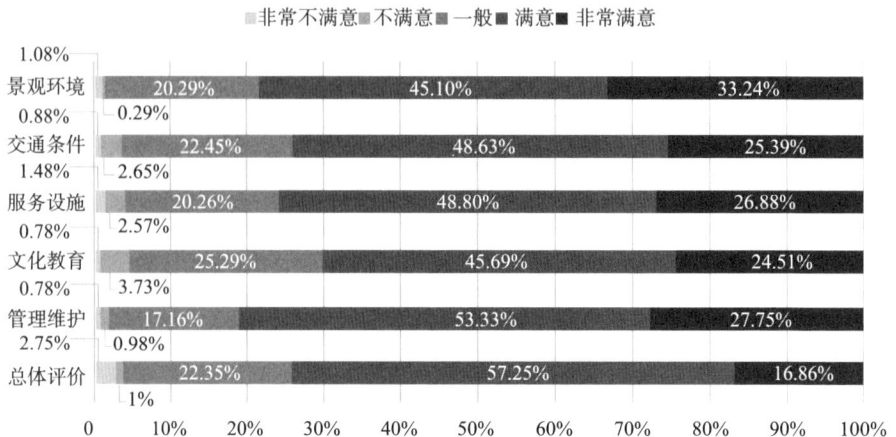

图5-15　游客与居民对厦门山海健康步道的满意度

图（图5–17），其中直饮水设备、电梯数量、自动贩卖机、健身器材是主客共同的需求。分析说明厦门山海健康步道的服务设施已基本满足主客休闲旅游需求，但是还未能达到游客与居民心理预期，公共服务还需要进一步提升。

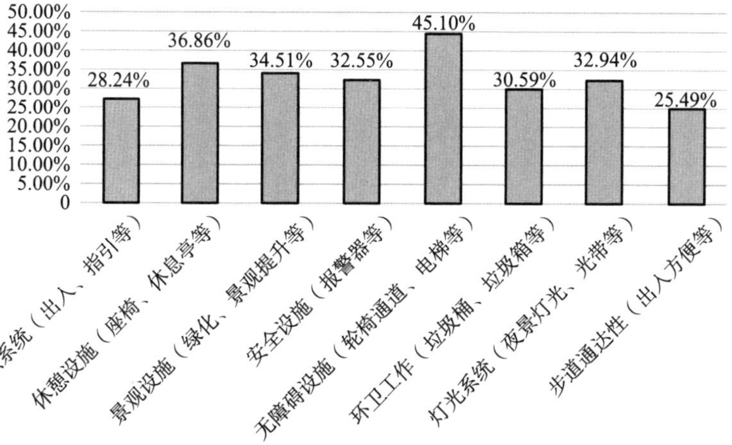

图5-16　游客与居民认为步道需要改进的服务设施情况

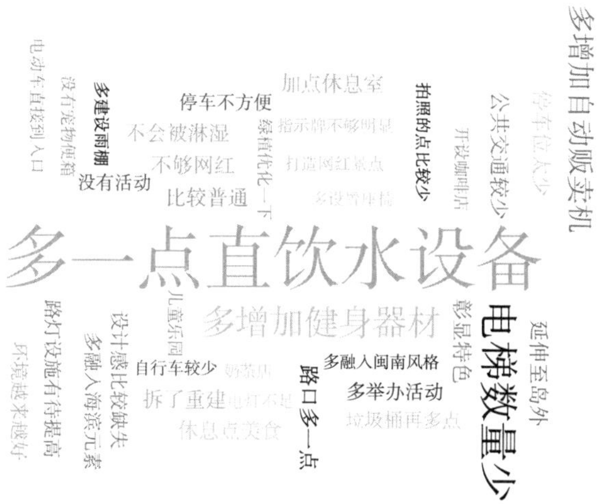

图5-17　游客与居民对服务设施的改进和提升建议

3.共享意愿分析

根据调查数据显示，厦门本地居民并不认为游客行为会影响到他们的生活，大多数比较乐意与游客共享山海健康步道资源；外地来厦游客在厦门山海健康步道上休闲旅游时也感受到居民的友好态度，非常愿意与本地居民共享、共游厦门山海健康步道，并未出现"非常不愿意"的情况。分析说明厦门山海健康步道已成为主客共享型的城市公共休闲空间。

（三）小结

通过以上分析可以得出当地居民与外来游客对厦门山海健康步道的满意度较高，尤其在景观环境、交通条件、管理维护等方面的满意度相对较高，说明厦门山海健康步道的公共服务建设已初有成效。

通过分析，归纳出当地居民与外来游客对厦门山海健康步道感知的对比，主要包括体验、满意度、共享意愿3个方面的异同之处（表5-3）。

表5-3　本地居民与外来游客对厦门山海健康步道的感知对比

纬度	子项目	当地居民	外来游客
体验	信息来源	无意中看到、他人推荐、互联网平台	纸媒、广告、他人推荐、互联网平台
	行为偏好	锻炼、散步、休闲	娱乐、度假、拍照、休闲
	常用设施	电梯、公厕、自动贩卖机、休憩点、观景平台、座椅	电梯、公厕、自动贩卖机、休憩点、观景平台、座椅
满意度	改进需求	休憩设施、无障碍设施、景观设施、安全设施、灯关设施	休憩设施、无障碍设施、景观设施、安全设施、灯关设施
	总体满意度	满意	满意
共享意愿	共享意愿	愿意	愿意

由上表可以得出，在信息来源方面，居民与游客主要从网络上获取，可以进一步加强网络宣传，步道在网络上的宣传必不可少；行为偏好方面，居民和游客都有一个相同点就是休闲，说明需要对休闲设施进一步完善优化。根据游客的个性化需求多设计一些网红打卡点和娱乐活动，并针对居民的健身需求增加健身器材与锻炼设备。游客与居民的总体满意度与共享意愿较高，说明山海健康步主客体验感较好，是一个适合主客共享的城市公共休闲空间。在设施改进提升需求方面，游客与居民的意见较为一致，说明山海健康步道的公共服务

还存在不足，需要进一步提升。针对当地居民还可以多做一些显眼的广告牌，这样传播范围更广，可以进一步扩大步道的知名度。

五、厦门山海健康步道的公共服务在主客共享方面存在的问题

厦门山海健康步道既为厦门当地居民提供了一个绿色户外公共场所，满足他们休闲健身锻炼的需求，也为外来游客提供了一个观光游憩的旅游胜地，满足了他们休闲游览娱乐的需求。虽然厦门山海健康步道已经成为一个主客共享的城市公共休闲空间，但是游客与居民的互动还不足，公共服务的主客共享功能还有待提升。

1.线上公众平台栏目少，游客与居民无法互动

在这个信息发达的时代，大家通常在出发前会通过各大平台搜索旅游目的地的信息，并根据大家的评价情况决定是否出行。旅程结束后则会在社交平台上分享自己的出游经历。目前厦门山海健康步道在微信公众平台上设置的栏目较少，没有居民与游客互动的功能，这极大地降低了用户的体验感。

2.宣传力度太小，活动赛事较少，公众参与度低

虽然步道偶尔也会举办一些活动，但是这些活动基本上是一些民间团体自发进行的，活动规模较小，时间地点不确定，步道的公众号也没有进行宣传推广，导致本地居民与游客无法及时参与。另外，活动的形式较为单一，多以摄影大赛的形式出现，限制了公众的参与度。

3.休息设施不够人性化，影响游客与居民的交谈

对于公共休闲空间而言，最重要的一个功能就是休闲。而对于一个主客共享型城市的公共休闲空间来说，促进主客互动的休闲设施是最重要的。山海健康步道内最常见的休闲设施是座椅，但是这些座椅的设计非常普通单一，不仅不能增强主客的交流互动，在舒适感方面也有待提升。

4.当地特色不明显，游客文化认同感不强

厦门在发展的过程中，形成了特色鲜明的地域文化，在本地生活的居民也形成了独特的风俗习惯。但是这些文化却无法在山海健康步道上体现。游客在步道上漫步游览时，只能看到厦门的城市风光，并不能在这条步道上感受到本地的文化气息，也无法体验厦门的民俗风情。这对游客来说是非常遗憾的一件事，对于厦门的居民来说也是一个巨大的损失——丧失了一个宣传本地文化，与外界文化交流的机会。

5.智能科技建设投入较少，降低公众体验感

在这个信息技术占据主导地位的时代，智能技术已经成为各行业和各领域发展的核心动力，站在时代发展趋势和现实需求的立场上，应该加大对厦门山海健康步道在智能科技上的投入。提升智能科技建设不仅能完善步道的智慧管理与运营，还能通过科学技术营造出更具趣味性的环境氛围，增强步道的娱乐效果，为居民与游客创造一个新的娱乐空间。

六、提升主客共享型城市公共休闲空间服务创意的措施与建议

城市公共休闲空间是居民和游客实现休闲旅游活动的重要载体，它不仅具备满足当地居民休闲健身的功能，还具备满足外来游客旅游娱乐的功能，共享城市公共休闲空间还能促进居民与游客关系的融洽和协调，提升城市整体形象，打造一个开放、包容的主客共享型城市。本节结合比尔德贝克（Bilderbeek）、赫托依（Hertoy）等人提出的服务创新四维模型（图5-18）新服务概念""新顾客界面""新服务传递系统"和"技术"4个方面对厦门山海健康步道主客共享公共服务的提升提出创意性的建议。

（一）提升服务创意的措施

1.服务概念的创新

城市公共休闲空间服务概念的创新其实就是共享与文化概念的融入。首先

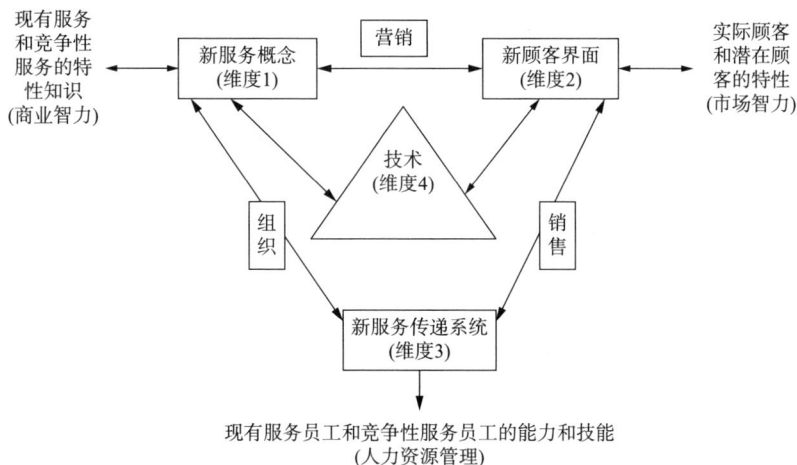

图5-18 服务创新四维度模型

改变城市公共休闲空间只供当地居民休闲锻炼的传统刻板印象，提出"主客共享"的新理念；其次，深度挖掘文化资源，融入本土文化元素，突出文化特质，增强居民与游客的文化认同感。以创新概念来打造主客共享型城市公共休闲空间。

厦门作为一个滨海城市，有着丰富的海洋文化、华侨文化与闽南文化。厦门山海健康步道在建设中应充分利用这些文化元素，突出文化特质，让主客共同体验厦门文化，增强地方认同感，形成良好的主客互动氛围。

例如，可以在步道空地处通过实体展示泥塑、漆线雕、扎染、珠绣等传统手工艺品，让居民和游客近距离接触厦门传统文化；还可以在山海健康步道两侧的建筑物、标志物上，运用数字技术打造3D艺术文化墙，将闽南童谣、中秋博饼、嘉庚精神、闽南传统民居等地方文化生动、有趣地呈现出来，一方面使传统文化重新绽放光彩，另一方面营造城市公共休闲空间主客互动的新场景。

2.用户界面的创意

增加主客互动的界面，提升共享体验。例如，可以对山海健康步道的公众号进行优化，增设服务模块，采用地图导览、语音播报等方式，讲解厦门特色文化活动、历史文化典故，并配以图片展示厦门的手工艺品和特产。活动专区以微商城形式设置链接，用户可以直接下单购买；增设主客互动模块，主要包括评价、讨论、发起话题、推荐等功能。游客可以在去厦门山海健康步道前查看居民推荐的步道区段或者直接发起话题询问哪段步道最受欢迎、打卡点最多，游览后，还可以分享自己的经历与体验，对步道的设施建设、服务水平、景观环境、人文特色等方面进行评价。

3.服务传递系统的创意

（1）建设人性化的休息设施，加强游客与居民的沟通交流。国际城市设计师杨盖尔认为，在评价某一地区的公共景观的品质时，应该以为人们的短暂休息提供更舒适的条件作为主要的考量因素，这充分说明休息设施对于公共休闲空间的重要性。休息设施不仅具有提供舒服休息的功能，还应该具有促进人们沟通交流等功能。厦门山海健康步道休息设施既要满足居民和游客舒适悠闲观赏风景的需求，还要能促进外来游客与当地居民的交谈与互动。

例如，座椅的形式可以多样化，一些直线形或离心形座椅，适合独处人群的需求；弧形、L形、凹凸形、曲线形座椅，可促进交流。座椅既可以独立设置，也可以与花坛或树池相结合，还可以是草坪、观景平台等。座椅位置的选择不仅要考虑到夏季阳光暴晒，还要注意冬季冷风吹打情况，更要考虑座椅的安全性与依赖性，一般座椅背后都要设置一个支撑物。休息座椅的造型、材质、色彩等应与步道周围环境相结合，尽量简洁朴素，以满足休闲、交谈功能为主要原则，注意其高度、沿面宽度等应与人体身材比例相符，提高其舒适性。

（2）加强宣传推广工作，促进全民参与。政府作为项目投资主体和公共产品与服务的提供者，在厦门山海健康步道的宣传推广上具有积极引导作用。利用网络推广活动，可以让更多居民和游客知晓并积极参与到厦门山海健康步道服务提升中。政府尽快利用微信公众号、网络媒体、影视作品等多种渠道，开展厦门山海健康步道形象宣传。以国内外展会、论坛等形式，全面推广厦门山海健康步道形象，吸引广大居民、游客前来休闲游憩。

例如，可以通过举办健身步道"健步走"活动扩大影响力，打造富有特色的大众健身品牌，加深游客与居民对步道的认识，并能正确利用步道。同时，招募步道健身指导员，引导群众科学锻炼，吸引广大群众积极参与体育运动。还可以通过政府主导、社会团体自发组织，定期举办健康、艺术、文化、教育等赛事活动，如自行车骑行赛、滑板比赛、摄影比赛、户外写生、居民生活节、城事设计节等，以创意推动山海健康步道的服务，营造和谐宜居的主客共享氛围。

4.技术选择

运用现代高新科技，提升主客共享的服务体验。厦门山海健康步道全线安装智能交互景观系统、智能环境监测系统、智能养护系统、智慧公园综合管理系统等，建设智慧步道，打造智慧交互景观节点。

（1）智慧管理运营。首先，设"厦门山海健康步道"管理类App和小程序，通过统一的数据标准及接口规范，将视频监控系统、公共广播系统、智慧安防系统及数据中心机房连接起来，实现监测、控制、维护、服务与管理功能一体化，对全景区进行实时管控，实现对步道日常管理和突发事件的应急管理；其次，建立"山海健康步道"游览类App和小程序，市民只需要携带一部手机，就能够通过扫码获取导航地址、AR全景视图、游乐项目基本信息，还可以通过"刷手机"等便捷智能支付手段实现支付，提高游客游玩的便捷性和趣味性。

（2）智能交互景观。智能交互景观具体表现在声音、光照、水景、影像上，包括互动艺术装置、体感运动、多媒体交互等。在山海健康步道的重要节点，尤其是城市活力气象主题公园、樱花谷和仙岳山等区域可设置点状分布的互动喷泉、VR游览、互动光影展、观光花园、体感运动等各种智能互动装置，实现人与景观的交互。

（3）智能运动技术。可以将更多运动元素加入健康步道中。步道的标识牌不仅能引导群众，还能起到提示心率范围的作用。可以参考南京的健身步道，在实地精密的测量与计算，制作出该区段步道的科学运动指南，通过微信扫描二维码，就可以准确地收集个人能量的消耗信息。除了设立健身功能的标志外，还可以在步道的乘凉区和便民服务站点配置健身器材，并附健身指南，供居民和游客在休息时间进行健身锻炼，提高运动的乐趣，从而使健身活动的效果更好。

5.服务设施的完善

（1）丰富山海健康步道健身器材的类型。根据调研，目前厦门山海健康步道内体育设施类型不多，以硬质铺面为主，供群众散步、跳广场舞等活动。厦门山海健康步道的人群年龄差距较大，为了适应不同人群的需要，必须增加更多种类的健身设施。在狐尾山公园、世界和平公园、圆山广场、虎头山公园等公园内，为健身人群提供滑板区，增加健身器材，搭建乒乓球台、篮球架等健身设施，以吸引更多健身爱好者，提升山海健康步道的空间利用率。

（2）增加山海健康步道的基础设施数量。增加电梯数量与直饮水机数量。根据调查问卷的年龄组成结构显示，20%以上为中老年人，其中不乏60岁以上以及携带儿童的群体，由此可见，厦门山海健康步道中的无障碍设计及无障碍设施的完善对于幼年以及老年群体进行健身休闲具有重要作用。而且由于年龄原因导致体质状况不同，幼年及老年群体对于热水需求量会更大，因此，建议在每个休憩点都设置一个直饮水机，而电梯应该在高度差较大的地段至少再多建设5处，同时，要定期进行设备的检修和保养，以确保设施的正常运转。

（二）建议

通过对厦门山海健康步道的实证研究，总结出提升主客共享型城市公共休闲空间服务创意的建议，希望为主客共享型城市公共休闲空间的服务建设提供支持和依据。

（1）遵循城市公共休闲空间建设的规范与标准，完善主客共享型城市公共休闲空间的基础设施，建立健全公共休闲空间的管理机构与体制。

（2）开发城市公共休闲空间的文化体验项目，例如，开展各类文化主题活动，组织体育比赛，以吸引游客与居民的积极参与。

（3）政府部门加强宣传推广，引导公众积极参与到主客共享型城市公共休闲空间的共同建设中，以保障其快速、健康、人性化发展。

（4）注入智能科技元素，运用科技手段对主客共享型城市公共休闲空间进行维护、管理以及运营。

城市公共休闲空间作为休闲时代重要的基础设施，是居民生活和游客观光深度融合的必要载体，也是我国经济社会发展到一定阶段的产物。提升主客共享型城市公共休闲空间的服务创意，不仅是满足人们日益增长的物质和精神文化需求的有效途径，也是实现我国旅游产业整体协调可持续发展的必然选择。

| 第三节 |

主客共享视角下厦门城市
公园游憩功能优化研究

随着全域旅游"主客共享"理念的提出，人们开始重新审视城市公园的游憩功能，学术界也开始关注主客共享型旅游目的地的建设。本节从当地居民与外来游客两个群体的角度出发，选取厦门部分城市公园为研究样本，通过实地考察、问卷调查等方法，对这两类群体的公园游憩行为进行研究分析，了解主客双方在城市公园游憩中的互动与矛盾，为厦门实现城市公园游憩功能的主客共享提供理论指导，并提出相关优化建议，助力厦门城市公园进入主客"互动共享"的高级阶段。

一、引言

2020年，我国全面建成小康社会的目标达成，国民生活水平不断提高，从而推动了旅游业的快速发展。厦门市作为国际著名旅游城市，优越的自然环境以及深厚的人文底蕴吸引着无数游客前往观光旅游，这样的"城市型目的地"除了可以提供传统的旅游活动外，也逐渐演化出大量的新兴旅游产品。城市公园是市民进行休闲娱乐活动的重要场所，满足城市居民的娱乐、休闲、锻炼等需求。在全域旅游发展的背景下，城市公园作为主要为市民服务的休闲空间逐渐演化出新的旅游属性。城市公园不再仅为当地居民提供日常休闲游憩的场所，也渐渐开始接待外地游客，这是未来旅游业发展趋势之一。因为游客不再满足于游览著名的旅游景区，还想要更深入体验当地人的生活，全面感受旅游目的地的人文特色。为顺应新变化和新趋势，城市必须在满足当地居民需求的前提下，兼顾外来游客的需求，建设"宜居、宜业、宜游"的新型旅游城市。

由于长距离出行计划的搁置，周边游、短期游成为旅游业发展的重点。与此同时，人们更加关注健康。而城市公园既可以满足市民锻炼身体、呼吸新鲜空气的需求，也可以满足周边、短途游客休闲旅游的需求。

厦门本身拥有数量多、质量高的公园资源，为"公园城市"建设提供了良好基础。厦门作为传统的热门旅游目的地城市，需要新的旅游目的地业态来为现在的热门景区引流，增加自身吸引力，从而更好地满足不同类型游客的旅游需求，进一步完善厦门的旅游形象，延长旅游目的地的生命周期。

本节以厦门城市公园为研究对象，通过实地考察、问卷调查等方法了解目前厦门城市公园中主客参与游憩活动的现状，以及现阶段城市公园在主客共享层面存在的不足，旨在通过优化城市公园的游憩功能，为主客双方提供更好的服务。

二、文献回顾

（一）主客共享

全域旅游的战略部署重点突出社会和居民的共建共享，提出全新的市场观，旨在打造"主客共享"的新型旅游目的地，全域旅游发展进入一个新层面——主客共享，全域旅游发展实质上包含着从"主客分异"到"主客共享"的实现过程。

国内学术界关于旅游目的地主客关系的研究较多，但是有关主客共享的研究起步较晚，最近5年内有较大增长、发展空间较大，且早期研究主要应用于城市治理与建设领域。而关于旅游行业"主客共享"理念的研究尚处于起步阶段，且集中于旅游市场现状分析。刘晶晶（2021年）等认为休闲与旅游不再是泾渭分明的两个概念，居民与游客的身份经常性互相转换，这是主客共享现阶段的最主要表现形式，也恰恰体现出我国处于主客共享的初级阶段[51]。陈业玮、龚水燕（2020年）着眼于未来的发展方向，认为目前我国学者的研究主要集中于主客内在矛盾方面，未来的研究应更加着重于主客间的共享行为，其主要可以分为三个层面的共享：主客信念共享、主客行为共享、主客互动共享[52]。同时，他们将旅游目的地的"主客共享"分为游客的体验感知和居民的利益权衡两个维度，为之后的研究开辟了新的研究层面[52]。

现阶段关于主客共享的相关研究更多集中于住宿行业的主客共享，关于公共服务领域，尤其是城市公园的研究较少。

（二）城市公园与游憩

随着城市化进展的加快，关于城市公园游憩的相关研究不断涌现。目前学术界关于城市公园并没有一个明确的定义。邹欣怡（2020年）提出城市公园是指由政府经营建设的，面向广大游憩者开放的绿色公共基础设施[86]；刘晶晶（2021年）等认为城市公园就是综合型的公共休闲空间[51]。结合前人研究，本书认为城市公园是同时具有公共性与休闲性两个特性的综合休憩空间，主要面对的服务对象包含外地游客和当地居民。

关于"游憩"，学术界虽然对其概念界定不统一，但是每种观点的内核具有一定的相似性。本节对"游憩"的解释采用吴文清（2020年）的观点：游憩行为是指以游玩、休憩为主要目的的人的行为方式[27]。

梳理国内的相关研究可以发现，现阶段对于城市公园游憩的研究主体集中于城市居民，且年龄层次聚焦于老年群体；研究游客公园游憩行为的论文非常少。吴必虎（2001年）指出，城市居民在其惯常生活的环境中的游憩行为比在旅游胜地产生的游憩行为要频繁得多[87]，这也是目前研究聚焦于居民的主要原因；任斌斌（2012年）通过对紫竹院公园的调查，从游憩者结构、游憩行为类型、时空特征等方面对游憩行为进行研究，发现老年人是公园的使用主体，并将其主要活动分为8个层面[88]；在人口老龄化的背景下，王蓓（2021年）同样以老年人为主要研究对象，分析了城市公园的游憩功能，将其总结为"休闲、交往与组织生产"[89]。

目前研究还关注当地居民对于城市公园游憩行为的感知层面，主要探讨游憩满意度、游憩需求等方面的内容。在满意度层面，毛小岗（2013年）等认为影响城市公园游憩满意度最大的潜变量是可达成度，其次是感知质量和感知价值[90]；周玮（2012年）则以城市公园的免费开放为研究重点，从感知价值的维度进行了探索，发现公园的免费开放对于休闲游憩效应有着良好的正向驱动效果[91]；肖星（2011年）等以广州的公园为研究对象，对影响城市公园游憩者满意度的影响因素进行探索并得出较为具体的结论，他们发现当前的城市公园虽然难以满足所有年龄群体的需求，但不同年龄层对公园的需求有一定的共性，那就是比起服务等"软条件"来说，对公园硬件设施的要求会更加严格[92]。此外，肖星同样对公园的免费开放制度进行研究，且选择对象更为广泛，得出结论为公园的免费开放使得游憩者更加关注景观的质量、基础设施等因素，对游憩者的满意度影响不大[92]；李方正（2021年）等通过对京津冀地区的探访，研究影响城市公园游憩服务的相关因素，提及短途旅游趋势下城市公园对游客及城市居民的积极意义[93]。

在游憩需求方面，王雅云（2021年）认为在城市公园的游憩对于居民来说最主要的效果是实现接触自然、释放压力、调解情绪等[94]；臧亭（2017年）认为游憩需求包括观光休闲、康体健身、文化娱乐、科普教育、节庆活动5个方面的内容，在此基础上从游憩需求的角度对游憩设施进行了较为系统的分类[95]；郑泽华（2017年）对于游憩需求的调查采用了不同的手段，从时空分异现象的角度，对厦门市的5个城市公园在游憩时间差异、空间差异、性别年龄差异方面进行了分析，并在此基础上对公园的设计提出了具体化、针对性的要求与建议[96]；马里奥·丰坦·维拉（Mario Fontan-Vela）等（2021年）通过数据分析等方法研究了居民对于公园的使用情况及使用感受，从健康的角度阐述了居民对城市公园游憩的需求[97]。

游憩功能分类方面，臧亭（2017年）从游憩需求、使用者、场地、自然属性4种分类方法构建出游憩设施的四级分类系统，其中，按照游憩需求可将游憩设施分为户外休闲活动设施、户外运动健身设施、文娱与教育专类设施三大类，以此为理论基础可推出其将游憩活动分为休闲交往、户外运动、文娱与教育3个维度[95]；张省（2021年）等学者将游憩需求的关注点放在放松心情、缓解压力、锻炼身体、结交朋友、学习知识5个方面[98]；王雅云（2021年）认为游憩者前往城市公园游憩的动机主要有休闲游憩、健身锻炼[94]。

三、实证研究

（一）案例地选取

根据研究需求，本节将结合当地居民的推荐以及小红书、马蜂窝等社交媒体的评价来选择案例地，具体选择的调研公园为厦门园林博览苑、南湖公园、嘉庚公园、五缘湾湿地公园、白鹭洲公园5家。所选公园分别位于厦门的三个区，保证所得结果具有一定的普适性。

在小红书、马蜂窝等社交媒体以"厦门公园"为关键词进行检索，从所得结果中总结出"厦门关注度最高的十大公园"，以此为基础，结合对当地居民的访谈，从中筛选出5家公园进行实地调研。调查的过程中发现这5家公园的客流量较为可观，不仅有许多当地的居民前去休闲放松，也有为数不少的游客前往观赏风景，居民与游客的比例大致为3:1。调研与问卷收集的时间为2021年12月3日～2021年12月30日，该时间属于厦门旅游的淡季，但上述公园仍拥有一定数量的游憩者。综上，最终决定将这5家公园作为案例地。

厦门园林博览苑（以下简称"园博苑"）位于厦门市集美区杏林湾，属于国家AAAA级景区，园内拥有园博园主展区、生态湿地公园、水景及水上运动、温泉度假村等商业配套设施。园内的众多景点如月光门、杏林阁等都深受欢迎，游客经常前往拍照打卡。另外，园区内的众多植物同样吸引了一大批热爱植物、喜欢拍照的游客。

南湖公园位于厦门市思明区，园内较为著名景观有"箕笞渔火""坐石临流""箕笞春晓"和"曲水荷香"四景，公共交通十分便利。与园博苑相同的是，南湖公园在社交媒体上最吸引游客的景观是在特定时间树叶会变红的落羽杉，作为厦门少数会"变颜色"的树，火红一片的时候会吸引非常多对植物与拍照感兴趣的游憩者。相对于园博苑来说，南湖公园不需要门票，对其吸引力的提高有一定帮助，根据周玮（2012年）的研究，公园的免费开放对于游憩者的休闲游憩行为有着良好的正向驱动效果[79]。这也可以解释南湖公园在这方面的竞争力优势。

嘉庚公园位于厦门市集美区，是为完成陈嘉庚先生遗愿而建立，具有非常浓厚的文学氛围、人文气息。园区内分布有集美解放纪念碑、鳌园、游廊等景观，建筑风格是具有闽南气息的红砖古厝，游廊内的各种雕刻不仅具有观赏价值与文学价值，其本身的雕塑手段——线雕，也具有一定的艺术欣赏价值。

五缘湾湿地公园是厦门最大的湿地生态园区，被称为"城市绿肺"，其位于厦门市湖里区。公园内包含生态自然保护区、红树林植物区、鸟类观赏区等多个部分，着重凸显自然原生态的美，受到广大游憩者的喜爱。在这里可以感受最纯真的自然之美，呼吸新鲜空气，与各种鸟类进行近距离的接触，非常适合进行研学或休闲游憩活动。

厦门白鹭洲公园位于厦门市思明区，该公园以音乐喷泉、白鹭女神像而出名。白鹭女神像作为厦门的标志性建筑具有极高的观赏价值与纪念意义，也非常符合厦门"鹭岛"的别称，音乐喷泉也体现了厦门最著名景点——鼓浪屿"钢琴之岛"的美名。

（二）研究设计

为探究城市公园游憩的主客共享现状与问题，本节以厦门5座城市公园为研究对象，采用实地调研及问卷调查的方式，从游憩活动的4个维度：休闲放松功能、健身康体功能、文娱活动功能、社交功能对居民与游客的公园游憩活动以及主客共享的态度进行调查。

本次问卷调查共发放并收集了296份问卷，其中，有效问卷256份，样本有效率为86.49%。所收集的样本中，有200份问卷来自线下，96份来源于线上。线下收集的主要目的地为厦门园林博览苑、南湖公园、嘉庚公园、五缘湾湿地公园、白鹭洲公园5家公园，收集时间为2021年12月3日～2021年12月30日。

（三）数据分析

对本次问卷调查的有效样本的特征进行统计分析，其结果如表5-4所示：

从性别来看，该样本的男女比例约为2∶3，相对来说，女性对公园游憩更感兴趣。从年龄来看，公园游憩的主要群体为青年群体，占比73.83%，是游憩者的主要构成部分，远高于其他年龄群体。本次选取地点相对来说更加偏向旅游型公园，更加吸引追求时尚与氛围感的青年群体，尤其是大学生群体。从身份来看，游客与居民占比相差较大，接近1∶3，可能是受到旅游淡季的影响。从已筛除的数据中可知，本次研究样本中游客群体总数为76人，未前往公园进行游憩活动的有16人，游客前往公园游憩的人数占78.95%；居民总数为220人，其中，在日常生活中选择公园游憩的共196人，占89.1%。相较来说，居民比游客更愿意选择前往公园进行游憩行为。

表5-4 基本信息统计

样本特征	特征指标	频次	占比（%）
性别	男	100	39.06
	女	156	60.94
年龄	17 岁及以下	19	7.42
	18 ～ 35 岁	189	73.83
	36 ～ 55 岁	32	12.5
	56 岁及以上	16	6.25
身份	游客	60	23.44
	居民或其他	196	76.56
是否会前往公园	是	196	100
	否	0	0

注　根据采样数据发现，其他分类中主要分为两个群体：外地来厦读书的学生、外来务工人员，以居住时间作为评判标准，本次研究将其归入本地居民的群体。

1.游憩活动分析

本次问卷将游憩者在公园的活动共分为四类：休闲放松、健身康体、文娱活动、社交活动。问卷结果显示，游憩者参与率最高的活动是休闲放松（98.44%），其次是社交活动（81.25%），再次是健身康体活动（62.5%），最少的是文娱活动（45.7%）（图5-19）。接下来对这四个方面进行具体分析。

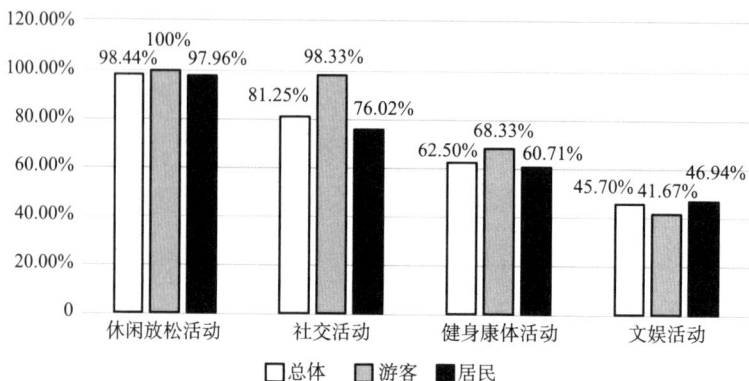

图5-19　主客游憩行为参与率统计图

（1）休闲放松活动。

游客前往公园进行休闲放松活动占比高达**100%**，也就是说，所有前往公园的游客均会参与休闲活动，这说明游客对于公园的休闲游憩属性的重视。游客在公园休闲活动频次从高到低为闲坐观光、休闲野餐、纳凉泡茶等。受厦门地方文化影响，有接近半数的游憩者选择在公园避暑泡茶，体现了游憩活动的地域性与原真性。在游憩过程中最常使用到的设施为凉亭长椅、草地野餐区，其次为林下空间及活动广场。

深入分析发现，游客闲坐观光与休闲野餐活动体现出了明显的性别与年龄分异现象，参与者大多为青年女性，具有一定的典型性，较为符合年轻女性群体的消费心理与消费习惯。

居民前往公园进行休闲放松活动占比高达**97.96%**，进行的主要活动同样为闲坐观光、休闲野餐和避暑泡茶，与游客参与活动的比例非常相近，说明游客与居民在休闲放松活动方面的需求较为一致。补充类选项中提及频次最高的活动为散步、散心，可以看出游客对于公园休闲活动的解压需求较大。休闲放松作为公园的基本属性，这一功能是游憩者最需要且经常使用的，也是公园需要提供的基本服务。使用设施与游客无太大差别，说明主客选择的休闲活动相近，其所使用的休闲活动设施差别不大（图5-20）。

同样地，居民在休闲野餐活动中也体现出性别分异，其中，女性群体对野餐兴趣更高，男性对遛狗、遛鸟的活动参与率高于女性。

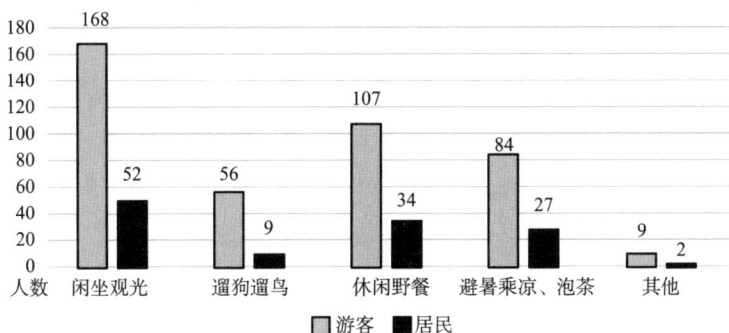

图5-20　主客休闲活动统计

（2）社交活动。

游客前往公园进行社交活动占98.33%，样本群体选择拍照分享、闲谈、朋友相聚3种社交类活动的比例较高，科普文教活动参与的人较少。常使用设施为休憩设施及自然景观。

拍照分享也有一定的性别分异，女性群体更愿意进行该项活动。但男性游客参与比例也达到72.73%，游客对于拍照分享活动具有较高的兴趣及参与意愿，这与游客本身的身份属性有一定关系。

本地居民参与社交活动的比率为76.02%，相较来说，游客比当地居民更愿意参与到社交活动当中，如图5-21所示。居民最常参与的活动为闲谈、拍照分享以及朋友相聚。使用设施为休憩设施、自然景观及活动广场。

居民对于拍照活动的性别分异较大，女性相较于男性更愿意拍照分享，但男性较之女性会更愿意与同伴在公园进行社交相聚活动。

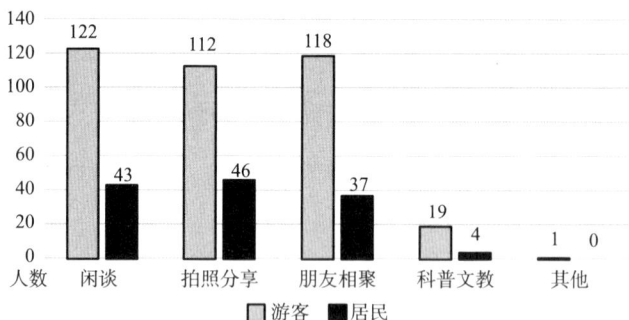

图5-21　主客社交活动统计

（3）健身康体活动。

在进行康体活动的群体中，游客占比为68.33%。选择进行康体活动的游客中，较多人参与晨练、器械以及球类活动。使用的设施较为广泛，80.49%的游客曾使用健康步道、跑道，60.98%的游客使用过运动器材，球场与活动广场也有接近半数群体使用过。总的来看，康体设施使用率较高。

康体活动中，所有高频活动男性参与较多，在广场舞与散步两类活动中女性群体较多，但总体来看男性群体更愿意以健身康体的方式在公园中游憩。

　　选择进行健身康体活动的居民占比为**60.71%**，其中，比例较高的活动类型为晨练、打球及器械运动，补充类选项中高频词为散步。常使用的设施分别为健康步道、运动器材和活动广场。分析发现，男性居民对于参与康体活动的意愿高于女性居民，仅在广场舞活动中女性比例较高，但广场舞活动的参与程度也处于较低水平。

　　相较来说，游客比居民更愿意参与康体活动，侧面体现出游客对于融入当地居民生活以及对于增强身体素质的关注（图5-22）。

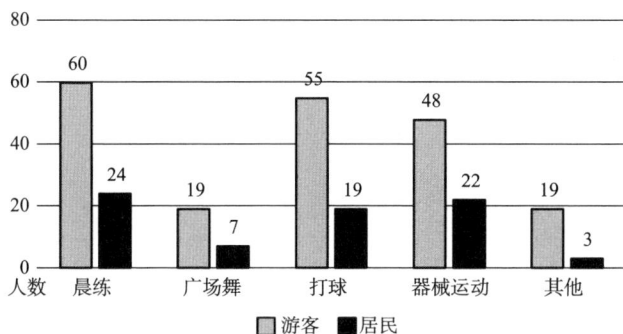

图5-22　主客健身康体活动统计图

（4）文娱活动。

　　游客参与文娱活动的占比为**41.67%**，频率较低。文娱活动的高频选择为使用娱乐器材游戏与下棋打牌，少数游客会选择在公园垂钓以及演奏乐器。使用设施较为广泛，桌台、自然景观、娱乐器材与活动广场均较为常用，且使用频率较高。

　　经深入分析，棋牌类游戏深受游客喜爱，且无明显性别分异，是老少咸宜的热门活动。但器材游戏体现出较为明显的年龄与性别分异，女性更偏好器材游戏，青少年群体对器材的喜爱程度会更高。

　　参与文娱活动的群体中，本地居民参与占比为**46.94%**，可以看出居民在公园参与文娱活动的频率不算太高。高频活动同样为下棋、打牌、游戏。使用频率最高的设施为桌椅，比例高达**90.22%**，自然景观、娱乐器材以及活动广场的使用率也在60%以上，这与文娱活动参与比例两极分化严重相关。此外，带孩子的游憩者比没有孩子的游憩者对于器材游戏活动的参与次数更多，有些家长甚至会专门陪孩子前往公园游戏（图5-23）。

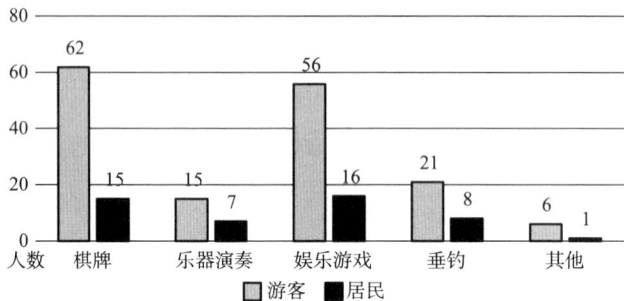

图5-23 主客文娱活动统计图

2.主客共享态度

根据调查分析，得出以下主客体对于共享公园及其设施的态度。

（1）游客。

针对来厦游客，询问其对人文环境的感知及对公园游憩活动的满意度，综合评分为3.38分（满分5分）。从综合评分来看，游客对当地居民的态度以及公园氛围所持的态度较为平和中立，对在公园游憩活动的评分也属于中等水平，可供调整与修改的余地较大。

（2）居民。

针对当地居民，询问其对设施共享的愿意程度，综合评分为3.81分。居民对于游客前往公园游憩的行为是较为支持的，也愿意与游客共享游憩设施，总体氛围较好，对游客前往公园游憩持正面态度。对公园推荐程度评分为3.84分，对公园的推荐程度在一定程度上也反映了居民对于公园的满意程度，并愿意将其作为旅游景点推荐给外地游客。

（四）小结

总体来看，目前厦门城市公园的主要适用群体仍以居民为主，游客参与相对较少，但已经呈现出较好的发展趋势，对游客与居民在游憩方面不同的需求进行分析，具体结果如表5-5所示。

表5-5　主客游憩需求对比

身份	休闲放松	社交	康体	文娱	共享态度
游客	参与率高，野餐活动受女性年轻群体的喜爱	参与率较高，拍照分享的欲望较高	活动参与率较低，但设施使用率较高，受男性偏好	参与频率低但设施使用率高	对相关概念了解较少，敏感度较低
居民		参与率较游客更低，偏好闲谈		参与率低，但受儿童影响较大	虽了解较少，但持正面态度

游憩者对于公园设施最主要的需求分为三类：一为桌椅、凉亭、野餐草地等休闲乘凉类设施；二为自然风光、清新的空气等值得拍照分享的自然景观；三为宽敞的场地如活动广场、健康步道等。用途较特殊的设施如健身器材等使用频率相对较低。同时，公园缺乏更加深入的服务与活动，游憩者参与程度较低。具有一定本地特色的城市公园更容易吸引游客，而本地居民对此的敏感程度较低，且游客对市民生活有一定的参与意愿。综上所述，居民对公园的功能更注重实用性，有较强依赖感；游客前往公园游憩更注重核心吸引物以及追求景观差异。两者在游憩活动上的异同具体表现如下。

1.休闲放松活动

游客和居民对公园休闲游憩属性的需求都比较高，公园主要作为一个散心、休息的场所被游憩者需要。公园野餐作为近年来较为流行的活动被青年群体，尤其是女性群体所喜爱，可以体现地域原真性的活动（如泡茶）也深受居民与游客喜爱。

2.社交活动

游客与居民在社交活动方面存在较大分异，游客更愿意进行社交活动，而居民对此敏感度较低。社交活动中，游客更愿意参与拍照分享活动，居民更愿意在此闲谈，这与两者不同的游憩目的有关。游客更侧重公园的旅游属性，而居民对公园的旅游属性关注度较低。

3.健身康体活动

游客相较于居民，参与康体活动的比例略高。原因有二：一是游客在旅游活动中更加重视仪式感和参与感，会比一般居民更注重旅游过程中的生活品质；二是游客与居民进行公园游憩活动的时间存在差异，游客的闲暇时间较居民更多，可以花时间参与康体健身活动。游客与居民在康体健身活动类型选择上的差距不大，都对晨练、器材与球类运动较为感兴趣。

4.文娱活动

在文娱活动方面，游客与居民分异较小。游客与居民同样对器材游戏与棋牌游戏感兴趣，且参与程度较高。除此之外，游客对于垂钓、乐器演奏等活动具有一定的敏感性。居民中还有一部分青少年偏好在公园中看书。需要注意的是，文娱设施的使用频率较高，但文娱活动的参与频次却是最低的。

综上所述，在休闲放松与文娱活动维度上主客行为分异较小，双方参与的活动、频率以及所使用设施均较为相似，在这两方面进行功能优化有助于提高主客双方的满意度。在社交活动与康体活动两个维度，主客行为呈现出较大的分异。游客更加关注社交活动，且主要集中于拍照分享。居民的社交活动更为日常，集中于与朋友的闲谈与聚会。游客对于康体活动的需求较居民会更高，体现出反差性，这是源于其对旅游仪式感的追求。文娱活动中设施使用率高但是活动参与率低，说明文娱活动的潜在市场较大，可改进空间较大。

5.主客共享态度

陈业玮、龚水燕（2020年）的研究将主客共享分为3个阶段：信念共享、行为共享、互动共享[43]。"信念共享"阶段表现为双方为维持正常的旅游社会秩序，互相尊重、互相制约，但双方之间仍存在主观偏见和隔阂；"行为共享"阶段的主要特征是主客双方在旅游目的地依托相同的生产、生活环境，产生相同的行为，两者接触机会增多，使情感一致性加强；高层次的"互动共享"表现为主客双方友好交流，消除隔阂，彼此间形成友好关系，边界感渐渐模糊，文化认同感也渐渐增强。

根据对调查数据的分析显示，双方在公园游憩过程中相处较为融洽，但仍存在一定问题。居民对游客共享设施持有不介意但也不关心的态度，游客所感知到的氛围相对较为平和，居民与游客接触机会增多，但距离双方友好和谐相处还有一定距离，想要到达"主客互动共享"阶段，还需要加强在文化方面的交流，形成文化认同感，尽快填补公园活动中游客与居民的行为互动方面的空白，加强双方的和谐交流，模糊边界感。

四、结论与建议

（一）厦门城市公园游憩功能"主客共享"现状与问题

1.厦门城市公园游憩功能主客共享还处在中级阶段，距高级阶段尚有一定距离

目前，厦门游客与居民对于在公园游憩的共享态度处于"主客行为共享"阶段，距离"主客互动共享"的高级阶段尚有一定距离。厦门作为知名旅游城市，本身自然环境优越，拥有众多风景优美、各具特色的城市公园，公园环境与基础设施完善、交通便利，具有发展"主客共享"型公园的基础条件。目前厦门城市公园具有一定的客源基础，主客双方在公园的行为接触频率提升。例如，在公园中泡茶、赏景这类可以体现原真性的活动受到居民和游客的欢迎。但这些体验还不够深入，可体验活动较少。游客与居民之间缺乏友好交流的体验项目，难以达到真正的和谐互动。

2.主客共享在文化层面表达欠缺，共享度较广但深度有限

根据分析显示，前往厦门城市公园的游憩者在文娱方面的参与频率最低。目前，厦门城市公园普遍缺乏具有厦门特色的文化标签，缺乏具有厦门文化特色的沉浸式体验活动。文化活动在城市公园游憩中的存在感较低，既不能让外来游客产生属于这个城市独特的文化记忆，也很难让当地居民对城市公园产生依赖感与归属性。

另外，根据社会交换理论，由于游客的公园游憩行为会侵入居民的居住环境，主客间容易产生文化冲突。在这种情况下，加强文化交流活动，会让双方产生文化认同感，更容易和谐友好地消除隔阂，激发城市文化基因，增添城市文化记忆，使主客双方获得更好的休闲旅游体验。

3. "主客共享"类活动缺乏，互动性、交互性低

"主客共享"并不只是共享设施与自然景观，也是对城市生活的共享，对城市生活品质的深入感受。目前，公园可以满足游憩者最基本的休闲与拍照的需求，但在游客与居民的行为交互以及互动活动方面的相关设计较少。游客与居民泾渭分明，尚存在陌生感与另类感，更深层次的情感交流较少，情感一致性有待增强。这是因为居民对于城市公园的归属感与认同感较低，仅将城市公园作为一个游玩地点看待，居民的"主人翁"意识还较为薄弱，导致居民与游客的边界较为清晰，对彼此的理解与友好意识有待培养。

4. "主客共享"的政策引导较少，缺乏明确的价值导向和动态调试机制

"主客共享"作为一个新兴的理念，在发展之初非常需要政府政策的支持与鼓励，明确相关的价值导向。在主客共享实施上需要注意，在游客的体验感知与居民的利益上做好平衡，不能为了某一方的利益做出让双方不满的决策。目前厦门景点针对游客的优惠政策比较少，但针对市民的惠民措施还是比较多的，在双方的感知方面做出平衡很重要。例如，在社交平台上，许多游客对于公园的不满情绪均来自人流量过大带来的一系列负面影响，如太过拥挤、拍照不便等，这对于游客体验影响较大。如果在适当的时间对游客与居民的游憩行为进行人为干涉，以减轻游客的负面情绪，才能真正做到为民众打造共享城市，让主客享受共享生活。

（二）优化建议

针对上述问题，提出以下针对城市公园游憩功能的优化路径。

1.拓展文化层面的共享活动，以文化为"主客共享"加码赋能

人文关系的好坏会影响游客对一个城市的印象，这一点对于旅游城市来说尤为重要。将具有厦门特色的文化融入公园中，促进"文旅融合"，例如，举办"做一回厦门人"的体验式活动，将游客的游览体验由广度向深度拓展延伸，丰富游客在公园参与活动的文化内涵，也让居民减少被打扰的困惑，使主客双方能够更加和谐自然的相处，提升主客双方满意度。厦门是一个充满人文特色的城市，无论是红砖古厝，还是嘉庚精神，甚至是音乐文化和茶文化，都具有深挖的价值与潜力，可以为主客共享提供良好的文化元素。

对于目前使用频率较低的设施，进行一定的改造升级，提高游憩者的舒适度。根据分析发现，目前文娱与康体活动参与率较低，说明目前公园在这两方面的活动内容对于游客与居民来说吸引力较小。针对居民，可以响应国家"全民运动"的号召，举办相关康体活动，提高其参与积极性；针对游客，可以通过举办地方特色节事活动增加吸引力。

但在策划文体活动时，应注意适度原则，避免主客双方过度追求文化可视化，导致文化内容过度符号化，只具备市井气息而失去了原真性和特色性。

2.主客共塑城市形象，增加主客间互动，共创城市记忆

城市形象塑造并不是政府单边的工作，更需要城市居民与外来游客共同参与其中。塑造城市形象是一个动态过程，游客与居民的相处、双方对城市的改造都包含其中，这有利于形成"主客共享"的良好氛围，提升城市魅力，从而提高城市的重游率。

在创建过程中应注意，先满足"主享"，再发展"客享"，最终达到"主客共享"的目标。提高居民对于城市公园的认同感就是非常好的选择，例如，让居民参与到公园改善计划当中，为厦门市增添亲和的人文气息，在经常使用的长椅或路面标识上进行涂鸦，在经常使用的草坪上清洁打扫、装扮等，对公园认同感的提高会让居民更加关注其他游憩者的反应与感受，从而加强人与人之间的互动，不仅是居民与居民之间的，更是居民与游客之间的，这不仅增添

了居民与游客的行为交互，也丰富了居民的日常生活。居民在公园游憩更加舒心，真正实现"主享"。在此基础上才能更好地发展"客享"，让游客在与居民的互动中收获对这座城市的情感认知和地方认同，从而提高重游率与推荐程度，真正实现主客共享。

3.实行适当的政策引导，优化城市基础设施建设

"主客共享"理念刚刚兴起，大多数游憩者对于相关概念了解较少，这需要政府进行相关的科普与宣传，引导主客双方加深对于"主客共享"的关注。同时，可以通过城市公园智慧系统的建设，在城市公园智慧平台上发布城市公园的相关活动信息，引导主客参与，也为其拍照分享提供平台。

厦门作为知名旅游城市，旅游淡旺季分明，可以加大对城市公园的宣传，为热门景区引流，提高游客体验。通过优质公园文体活动，对旺季景点过于饱和的游客进行分流，减轻接待压力，提升旅游的整体品质与满意度，也解决淡旺季的游憩者不平衡问题。

另外，城市公共基础设施建设不容忽视，这不仅是居民的设施，更是游客的设施。曾经风靡一时的"厕所革命"运用于此也是非常合适的，完善公共服务的相关保障，形成旅游公共服务设施的主客共享。

| 第四节 |

主客共享视角下厦门夜间
旅游公共服务体系构建

近年来，夜间旅游作为一种旅游新业态越来越受到人们的关注，随着全域旅游"主客共享"理念的提出，构建主客共享的夜间旅游公共服务体系变得尤

为重要。本节采用问卷调查法，对厦门市当地居民和来厦游客对厦门市夜间旅游公共服务体系的满意程度进行调查研究，并从主客共享的视角提出构建厦门市夜间旅游公共服务体系的措施，以此进一步推动厦门成为主客共享型的旅游目的地城市。

一、引言

2018年3月，文化和旅游部发布《关于促进全域旅游发展的指导意见》，我国旅游业进入全域旅游时代，这也标志着居民和游客之间的关系发生了较大程度的转变，脱离了非此即彼的关系，当地旅游业的主要客源不再仅限于外来游客，也包括有休闲需求的居民；为了彻底贯彻《"十四五"旅游业发展规划》，2018年11月，文化和旅游部发布《关于提高假日及高峰期旅游供给品质的指导意见》，提出要注重统筹社会各界资源，打造主客共享的旅游公共服务体系；2021年6月4日，《"十四五"文化和旅游发展规划》正式发布，进一步确定了我国发展文化和旅游业的方向，提出提高我国旅游业发展质量的重点是培育主客共享的美好生活新空间。

夜间经济作为促进城市经济增长的重要工程之一，受到政府的大力支持。我国在2004～2020年，共出台了105份与夜间经济相关的政策文件。2019年，国务院发布了《关于加快发展流通促进商业消费的意见》，文件明确将夜间经济加入了促进我国消费的重要举措之一，进一步推动了我国夜间经济的发展。各地政府纷纷响应国家号召，发布相应规划，夜间经济迎来发展热潮。夜间餐饮、夜间演出等新业态不断出现，尤其是夜间旅游也得到高度重视。

随着人们收入和生活水平的不断提高，夜生活的丰富程度也随之提高。越来越多消费者选择在夜间开展一些相关活动，以达到娱乐和休闲的目的。相关数据显示，2019年的五一假期，北京夜间消费占全天总消费的29.86%，在旅游重点区域中，消费活跃时间集中在晚上的18:00至次日6:00。

《中华人民共和国国民经济和社会发展第十二个五年规划纲要》中明确了

我国旅游公共服务的八大工程和五大体系，进一步推动我国的旅游公共服务体系建设和完善，至此，我国旅游公共服务已形成一个较完备的系统，能够满足大部分游客的需求。但是，随着"全域旅游"时代的来临，当地居民也成为旅游者的一部分，尤其是夜间旅游的时间存在着一定特殊性，对相关公共服务体系的要求也随之提高。此外，夜间旅游造成的居民和游客之间的矛盾也亟待解决。

本节以厦门市夜间旅游公共服务体系作为研究对象，针对厦门市夜间旅游公共服务体系存在的问题，从游客和本地居民双方需求入手，提出构建厦门夜间旅游公共服务体系的措施，以期进一步推动厦门夜间旅游的发展，实现主客共享型旅游目的地城市的建设。

二、文献回顾

（一）夜间旅游

"夜间旅游"（Night Time Tourism）的概念由"夜间经济"（Night Time Economy）演变而来，国外学者对于夜间旅游的研究较少，大多集中在经济学领域，"夜间经济"一词来源于20世纪70年代的英国，提出的目的是改善英国城市的夜间空巢现象。夜间经济的概念最早是由英国学者查特顿（Paul Chatterton）和霍兰斯（Robert Hollands）在2002年提出的[99]。

我国对夜间旅游研究的起步较晚，尚未形成统一而明确的概念。大部分学者从两个方面对夜间旅游进行研究：一是夜间旅游活动的开展时间；二是夜间旅游的活动内容。首先，在时间方面，部分学者对夜间旅游作出具体时间段的界定。林碧桃和宋红娟（2021年）将日落到深夜这个时间段界定为夜间旅游的时间[100]；文彤（2007年）觉得夜间旅游通常集中在傍晚到深夜的5个小时内[101]，虽然指出时间段但是没有对此进行清晰地界定；谢颖（2020年）则将夜间旅游的时间段延长，将深夜到天亮这段时间都囊括在内[102]；岳超和荆延德（2013）认为应当将夜游时间限定在从吃晚饭到上床休息这一时间段[103]。以上几位学者均未对夜间旅游作出具体时间段的界定，但也有部分学者提出了具体时间段。粟维斌（2019年）等觉得夜间旅游的时间应该在晚上18:00～24:00，并且提出将晚上18:00～22:00作为夜游的"黄金四小时"的主张[104]；于萍（2010年）指出夜间旅游一般在19:00～24:00进行[105]，两位学者都认为夜间旅游应该在当天内结束。高远（2021年）认为夜间旅游是在夜晚18:00后展开的休闲活动[106]；刘文萍和刘丽梅（2020年）、胡宇橙和李跃（2021年）还增加了次日早上6:00作为结束时间[107][108]。其次，是夜间旅游的活动内容，岳超和荆延德（2013年）、谢颖（2020年）、林碧桃和宋红娟（2021年）认为夜间旅游是指以休闲为主要内容的各种旅游行为[103][102][100]；高远（2021年）和胡宇橙（2021年）等也认为夜间旅游是以休闲娱乐活动为主，并且提出食、住、行、游、购、娱六类休闲活动[106][108]；邵晓睿（2021年）在前者基础上，增加了健身和文化两个具体层面[109]；顾至欣（2013年）则将城市夜游产品划分为休闲街区、旅游演艺、景区夜游、灯光艺术和民俗节庆五类[110]。

综合国内外现有研究，夜间旅游是指当地居民及旅游者在当地时间的晚上18:00至次日早上6:00这一时间段内，在旅游目的地展开的以休闲娱乐为主要目的一种现代旅游活动，夜间旅游是集吃、住、行、游、购、娱于一体的活动。

（二）旅游公共服务

旅游公共服务来源于公共服务，与社会学有关，许多国内外学者提出了旅游公共服务的概念。李爽、甘巧林、刘望保（2010年），何建民（2017年）等都认为，我国的旅游公共服务体系是指以政府为主体，为游客和其他旅游企业提供的公益性服务[111][112]；吴丹妮（2021年）认为，旅游公共服务是以政府为主体，以满足旅游者需要的各种商品为目标的服务[113]。基于上述分析，本节提出了旅游公共服务的定义：即由政府引导的、符合消费者需求的具有公益性的旅游产品和公共服务的组合。

近年来，随着旅游业发展，越来越多学者投身旅游公共服务体系的研究中，极大促进了旅游公共服务体系的发展。文斌（Wen Bin，2013年）、童浩南（Tong Haonan，2018年）等认为旅游公共服务是以旅游者和当地居民的需求为导向和目标，是公共服务和旅游产品的组合[114][115]；陈业玮和龚水燕（2020年）、余得光（2020年）则认为所有具有基础性、公益性和平台性的公共物品和公共服务，都应归入旅游公共服务范畴[52][116]。以上学者都未提出具体的体系划分。

部分学者提出了具体的体系划分，但划分标准各有不同。李爽、甘巧林、刘望保（2010年）从供给客体的角度，将旅游公共服务体系分为四类[111]；高晓茹（Xiaoru Gao，2017年）从智慧旅游相关的角度，将旅游公共服务分为五大体系[117]；何建民（2017年）则根据政府出台的《中华人民共和国旅游法》将我国旅游公共服务划分为八个体系[112]；吴丹妮（2021年）认为旅游公共服务体系是政府主导的，包括4个主要方面的具有非竞争性和非专有的服务[113]。

崔琰和刘冬（2021年）从夜间旅游公共服务方面划分了4个不同体系，并列出了具体的各项指标[118]；吴文智、唐培和何建民（2021年）则认为旅游公共服务是指政府主导的为游客提供5个方面的公益性服务[119]。

本节在现有研究的基础上，认为旅游公共服务是指由政府主导的、其他社会机构共同参与的、向游客和当地居民提供的基础的、公益的和平台化的旅游公共产品和服务，并将其分为旅游基础设施服务、旅游公共信息服务、旅游公共安全服务和旅游公共环境服务四类（图5-24）。

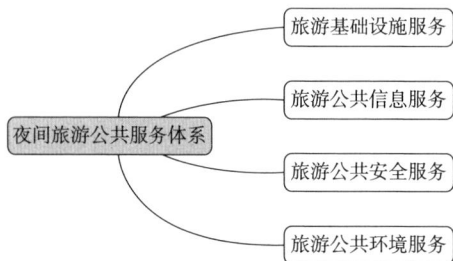

图5-24　夜间旅游公共服务体系（一）

近年来，消费者生活水平和旅游需求逐步提高，包括夜间旅游在内的多种旅游新业态随之兴起，大大促进了我国旅游业发展。许多学者开始尝试从不同角度分析我国旅游业未来的发展路径。旅游公共服务作为消费者在旅游过程中的一个重要部分，对旅游者的旅游体验有着较为重要的影响，但是由于夜间旅游和日间旅游的差异，夜间旅游的公共服务体系尚存在一些不足之处。因此，在满足当地居民和游客双方旅游需求的基础上构建厦门市夜间旅游公共服务体系，能够进一步提升旅游者的旅游体验，从而推动厦门市夜间旅游的发展，对厦门市发展全域旅游有着较为重大的意义。

三、厦门市夜间旅游发展现状分析

厦门作为旅游城市，一直非常重视夜间旅游的开发。早在2011年，厦门市政府就已经将延伸夜间旅游产业链作为"十二五"的重点项目。但目前为止，厦门市夜间旅游产品依旧以游览和表演类为主，尚未开发出能够体现厦门特色的夜间旅游产品。以下对厦门市夜间旅游发展现状进行SWOT分析。

1.优势（Strengths）

厦门作为较为知名的旅游城市，有着较为完善的旅游公共服务，包括旅游基础设施服务、旅游公共信息服务、旅游公共安全服务和旅游公共环境服务四类。旅游基础设施服务包括旅游交通服务和旅游游憩服务两大类，有旅游专线、特殊群体设施、旅游站点、休闲绿地、各种游乐设施以及卫生设施等。厦门市交通网络较为发达，公共交通有公交车、地铁、BRT等可供选择，各大游乐场近年来也正在逐步开发夜游项目，以此满足游客的夜游需求。同时各地还有24小时全天候执勤，保证市民和游客的人身安全，救护车也是24小时全天候待命。对于主客共享层面，由于厦门市现有的夜间旅游产品以游览和表演类为主，既可以满足游客欣赏厦门市夜间美景的需求，也能够满足当地居民夜晚休闲娱乐的需求，游客的游览活动并不会对居民的生活造成影响。

2.劣势（Weaknesses）

由于夜间旅游的特殊性，夜间旅游公共服务与日间旅游存在着一些不同之处。由于夜间旅游灵活性较高，时间往往取决于旅游者日间的行程安排和结束时间。因此，游客对于夜间旅游信息的获取较为有限。并且，厦门市游客中心营业时间大多为9:00~18:00，没有夜间值班时段，限制了游客获取夜间旅游信息的渠道，若是需要获取夜间旅游相关信息，只能询问当地居民。部分居民出于安全问题的考虑，并不会主动告知，导致游客无法获取充足的夜间旅游相关信息。同时厦门市夜间公共交通较少，公交车的末班时间最晚为22:00，地铁的最晚营业时间为22:00，BRT最晚营业时间为23:30，虽然有着部分夜间专线，但是仍然无法满足游客夜间公共交通出行的需求。本地居民尚可以选择开车出行，但是非自驾游的游客出行就较为不便。而且由于夜间旅游时间上的特殊性，公共安全成了较为棘手的问题，包括交通安全、游玩安全、消防安全等问题，以及旅游救助、安全标识等存在缺陷。虽然厦门市实施24小时全天候执勤，但出于种种原因，夜间旅游安全方面还是存在一定的隐患。同时，厦门市夜间旅游产品同质化较为严重，且大多为夜间观光游览类及美食旅游类产品，若持续时间太晚，可能会影响到当地居民的休息。

3.机会（Opportunities）

2019年11月，《厦门经济特区旅游条例》正式通过，并于2020年1月1日起实施。特别提出加强规划引领和产业扶持力度，引导发展夜间旅游消费集聚区。在保证游客安全和避免夜间扰民的情况下，鼓励各景点开展夜间旅游，推行夜间门票制度，既考虑到了当地居民的感受，又能够为旅游者提供相关的夜间游览服务。2021年7月，厦门市文化和旅游局发布《厦门市关于促进全市旅游业高质量发展的意见》，其中指出厦门市需要繁荣夜间旅游，积极创建国家级夜间文化和旅游消费集聚区，培育夜间旅游品牌，提升服务品质；丰富商街夜市的文旅消费业态；培育常态化的夜间演出；鼓励景区开展夜间的游览服务；推动延长公众文化活动场所的夜间营业时间、进行交互式体验；完善夜间公共交通服务，延长公共交通末班车的运营时间或提供旅游专线等差异化服务。各项举措既增加和方便了当地居民的夜间休闲活动，又能够满足旅游者的旅游需求，提升旅游体验。

4.挑战（Threats）

随着厦门市夜间旅游的快速发展，越来越多游客选择在夜间进行活动，但是由于部分夜游活动会影响当地居民的日常生活，因此有部分居民不愿与游客共享夜间旅游的公共服务设施，并且对游客的态度并不友好。另外，由于夜间旅游时间上的特殊性，有部分出租车司机不打表计费，导致"天价打车费"的出现，影响游客体验，降低重游率。厦门市政府需要进一步完善夜间公共交通网络，在不影响居民生活的情况下开发创新夜间旅游产品。

四、实证研究

（一）研究设计

为了研究本地居民和来厦游客对于夜间旅游公共服务的不同需求，本节以厦门市夜间旅游公共服务体系为研究对象，通过问卷调查的方式，根据夜间旅游公共服务体系维度，从旅游公共信息服务、旅游基础设施服务、旅游公共安全服务和旅游公共环境服务4个维度入手设计问卷，并对调查的结果进行整理和分析（图5-25）。

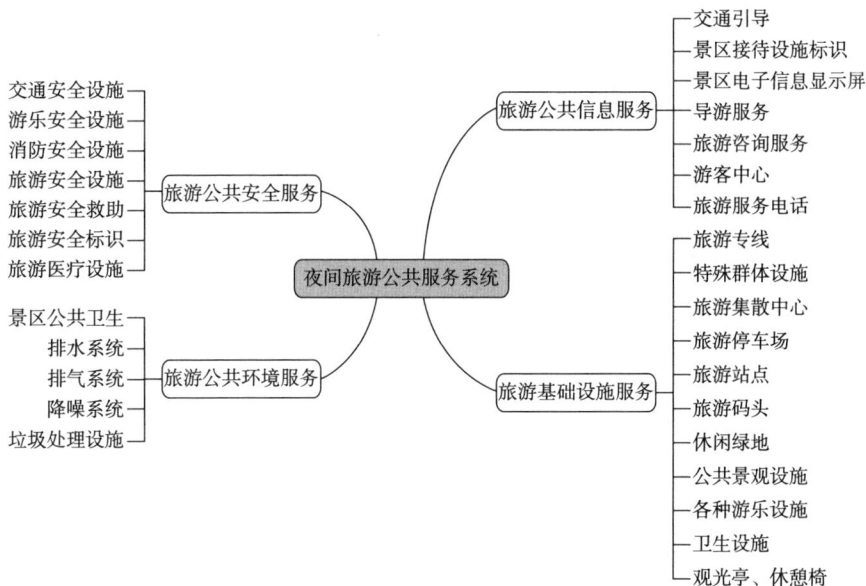

图5-25　夜间旅游公共服务体系（二）

本次问卷调查从 2021 年 12 月中旬开始，2022 年 2 月 28 日结束。主要针对厦门市本地居民和来厦游客，线上和线下同时进行问卷的发放。线上问卷通过问卷星平台发放，共收回 99 份问卷；线下问卷在曾厝垵、沙坡尾、中山路等较为知名的旅游点，以及海湾公园、嘉庚公园、健康步道、白城沙滩等地进行随机发放，共收回 180 份问卷。本次调查问卷共收回 279 份，其中包括厦门市本地居民 162 人，来厦游客 117 人，去除无效问卷 36 份，有效问卷共 243 份。

（二）数据分析

本次问卷设置了两个问题来筛选调查对象，279 位中有 162 位厦门市本地居民（包括 32 位在厦学生），117 位来厦游客，占比较为均衡；117 位来厦游客中有 106 位会进行夜间旅游活动，162 位厦门市本地居民中有 137 位会进行夜间旅游活动，说明夜间旅游市场潜力较大。以下根据夜间旅游公共服务体系的 4 个维度展开分析。

1. 旅游公共信息服务

根据问卷分析显示，超过 80% 的来厦游客在夜间旅游活动前会搜集相关信息，而厦门市本地居民仅有 62% 左右在夜间旅游活动前会搜集相关信息，说明两者对厦门市夜间旅游相关信息的掌握程度不同。

如图 5-26 所示，大部分来厦游客对于夜间旅游期间的旅游公共信息服务较为满意，其中，对于导游服务的满意度较低；如图 5-27 所示，厦门市当地居民整体满意度较高，但导游服务的满意度也较低。

超过 70% 的来厦游客愿意将旅游信息分享给他人，15% 左右的来厦游客不愿将旅游信息分享给他人；80% 左右的厦门市本地居民愿意将旅游信息分享给他人，9% 左右的厦门市本地居民不愿意将旅游信息分享给他人。由此可见，大部分调查对象愿意与他人共享旅游信息，且厦门市居民对共享旅游信息没有抗拒心理。

随着社交网络平台的兴起，旅游者更愿意分享自己的旅游经历，因此，旅游者可以根据前人的经验和评价，来选择自己的旅游目的地。

交通引导　0 5.66% 21.70% 39.62% 33.02%

景区接待设施标识　0.94% 4.72% 24.53% 42.45% 27.36%

景区电子信息显示屏　0 5.66% 33.96% 35.85% 24.53%

导游服务　0 16.04% 34.91% 33.02% 16.04%

旅游咨询服务中心　0.94% 6.60% 22.64% 42.45% 27.36%

游客中心　0 5.66% 30.19% 45.28% 18.87%

旅游服务电话　0 7.55% 35.85% 33.96% 22.64%

0　20%　40%　60%　80%　100%

□ 非常不满意　▨ 比较不满意　■ 一般　▨ 比较满意　▧ 非常满意

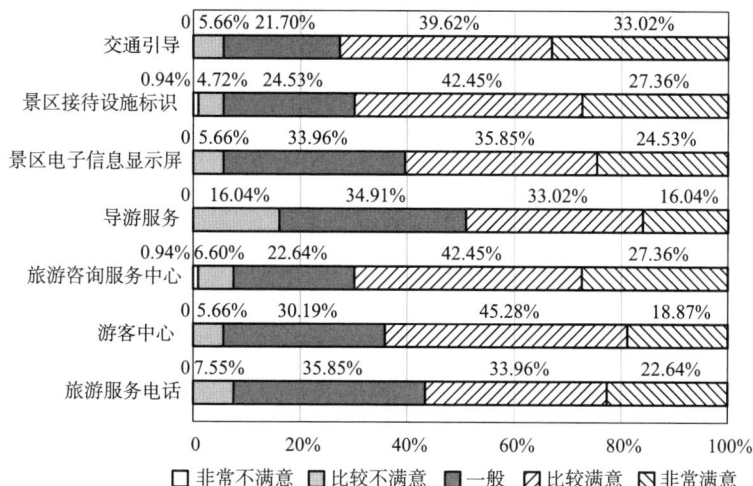

图5-26　来厦游客夜间旅游期间对旅游公共信息服务的满意程度

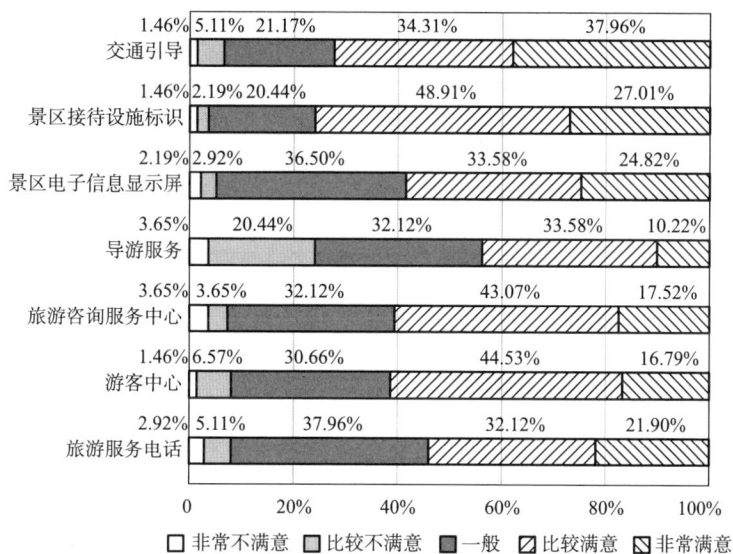

交通引导　1.46% 5.11% 21.17% 34.31% 37.96%

景区接待设施标识　1.46% 2.19% 20.44% 48.91% 27.01%

景区电子信息显示屏　2.19% 2.92% 36.50% 33.58% 24.82%

导游服务　3.65% 20.44% 32.12% 33.58% 10.22%

旅游咨询服务中心　3.65% 3.65% 32.12% 43.07% 17.52%

游客中心　1.46% 6.57% 30.66% 44.53% 16.79%

旅游服务电话　2.92% 5.11% 37.96% 32.12% 21.90%

0　20%　40%　60%　80%　100%

□ 非常不满意　▨ 比较不满意　■ 一般　▨ 比较满意　▧ 非常满意

图5-27　当地居民夜间旅游期间对旅游公共信息服务的满意程度

2.旅游基础设施服务

根据问卷分析显示，超过85%的来厦游客和75%左右的厦门当地居民在夜间游览时会选择乘坐公共交通；45%左右的来厦游客了解厦门市的游憩设施，其中，14%左右的调查对象非常了解，仍有20%左右的来厦游客不了解厦门市的游憩设施；50%左右的厦门当地居民了解厦门市的游憩设施，有14%左右的厦门当地居民不了解厦门市的游憩设施，由此可见，厦门市对于游憩设施的宣传力度仍有待加强。

如图5-28所示，来厦游客对于旅游交通服务的满意程度低于旅游游憩服务，其中满意度较高的为旅游专线、旅游站点和旅游集散中心；满意度较低的为特殊群体设施和旅游停车场；游憩服务中，来厦游客最满意的是休闲绿地，最不满意的是卫生设施。

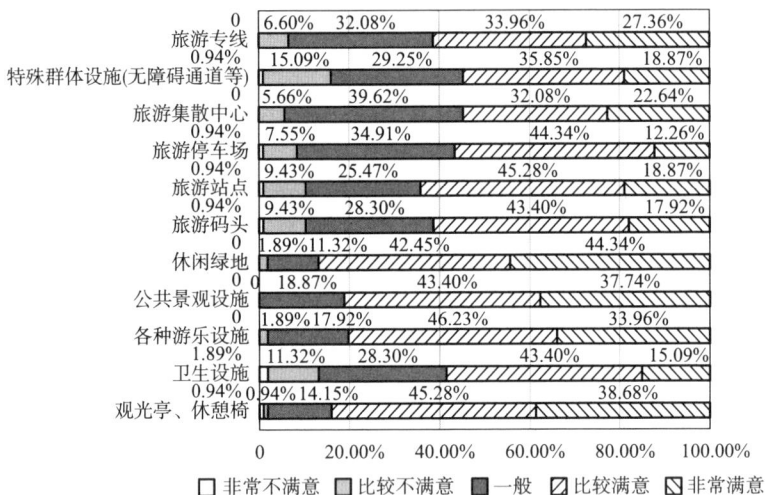

图5-28　来厦游客对夜间旅游基础设施的满意程度

如图5-29所示，厦门当地居民对于旅游交通服务的满意程度也低于旅游游憩服务，其中，满意度较高的为旅游专线和旅游集散中心，满意度较低的是特殊群体设施；而游憩服务中除去卫生设施的满意度最低，其余的满意度基本一致。由此可见，厦门当地居民对于旅游站点和旅游停车场的需求较低，对于休憩设施的需求较高。但是主客双方对于特殊群体设施和卫生设施都较为不满意，因此，厦门市想要构建主客共享型的夜间旅游公共服务体系，就需要进一步加强对于特殊群体设施的建设，同时提高对于卫生设施的重视程度。

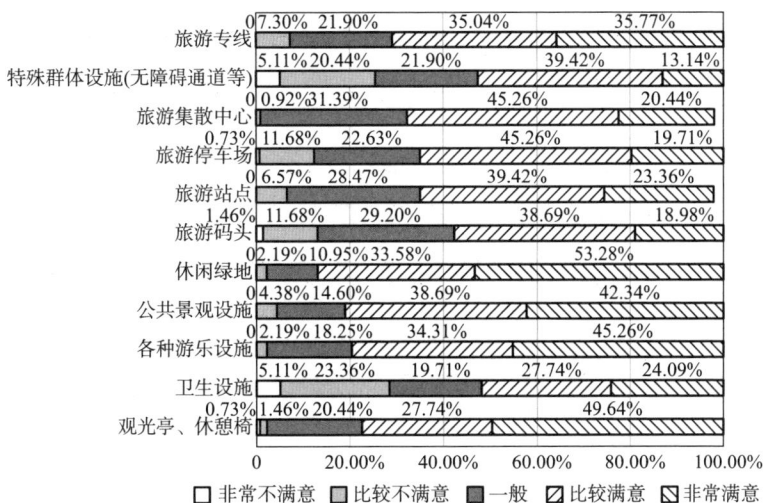

图5-29　当地居民对夜间旅游基础设施的满意程度

　　根据问卷显示，大部分来厦游客和厦门当地居民都愿意和他人一同使用夜间旅游的基础设施，仅有一小部分调查对象不愿意和他人共同使用旅游基础设施，由此可见，厦门市发展主客共享的夜间旅游是较为可行的。

　　3.旅游公共安全服务

　　根据问卷分析，42%左右的来厦游客了解厦门市夜间旅游的安全与应急措施，超过50%的来厦游客不了解，其中有6%左右的人群非常不了解；47%左右的厦门当地居民了解厦门夜间旅游安全与应急措施，超过50%的厦门当地居民不了解，7%左右的人群非常不了解。

　　如图5-30所示，大部分来厦游客对于厦门市夜间旅游公共安全服务的满意度较高，其中最为满意的是交通安全设施，较为不满意的是旅游安全设施、旅游安全标识和旅游医疗设施，最不满意的是旅游安全救助。

　　如图5-31所示，厦门市本地居民最为满意的是交通安全设施，较为不满意的是旅游安全设施、旅游安全救助、旅游安全标识，最不满意的是旅游医疗设施。由此可见，主客双方对于交通安全设施较为满意，但不满意的方面有所不同。

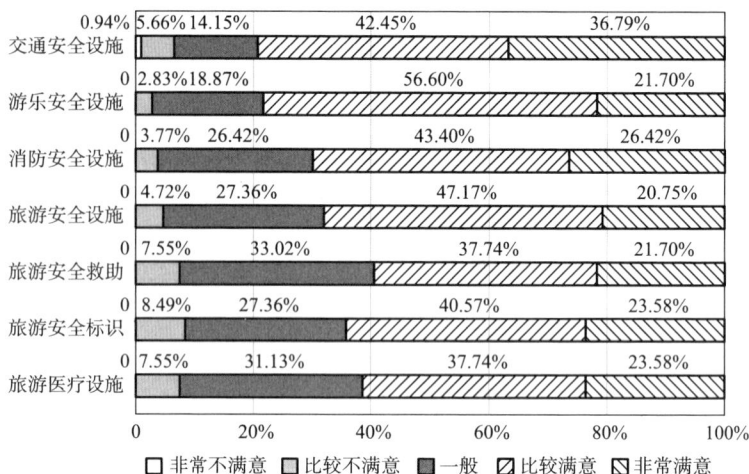

图5-30　来厦游客对厦门市夜间旅游公共安全服务的满意程度

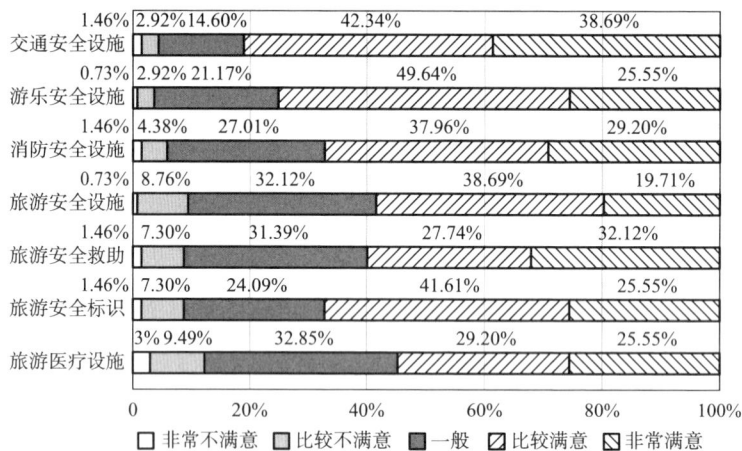

图5-31　当地居民对厦门市夜间旅游公共安全服务的满意程度

根据问卷分析，84%左右的来厦游客愿意与他人共享旅游安全设施，5%左右的来厦游客不愿意；85%左右的厦门当地居民愿意与他人共享旅游安全设施，5%左右不愿意共享。由此可见，绝大多数的调研对象愿意与他人共享旅游安全设施，大部分消费者在意自己和他人在夜间旅游过程中的安全问题。

随着生活水平的提高，越来越多的消费者在旅游过程中开始重视自己的安全问题，也更加关注旅游目的地的安全设施是否完善。夜间旅游不同于日间旅游，由于时间的特殊性，夜间旅游的安全问题是一个较为棘手的难题。因此，加强对来厦游客和厦门当地居民的旅游安全服务的宣传和普及，在保持现有交通安全设施的基础上加以完善，加强旅游安全救助服务，完善旅游安全设施和旅游医疗设施，是提高厦门市夜间旅游公共安全服务的有效方法。

4.旅游公共环境服务

根据问卷分析，90%左右的来厦游客会关注旅游目的地的环境卫生，10%左右的人群不会关注；88%左右的厦门当地居民会关注环境卫生，12%左右的不会关注。由此可见，大部分来厦游客和本地居民都非常关心环境卫生问题，也在一定程度上说明了环境卫生对于游客的旅游体验有着较大影响。

如图5-32所示，来厦游客对于厦门市夜间旅游的公共环境卫生较为满意，满意度最高的为景区公共卫生，满意度最低的为垃圾处理设施。

如图5-33所示，厦门当地居民对于厦门市夜间旅游的公共环境卫生满意程度与来厦游客相近，最为满意的是景区公共环境卫生，最不满意的是垃圾处理设施。

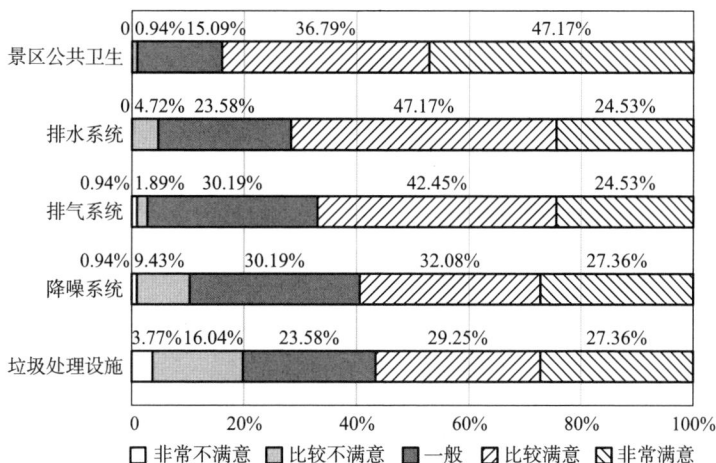

图5-32　来厦游客对厦门市夜间旅游公共环境卫生的满意程度

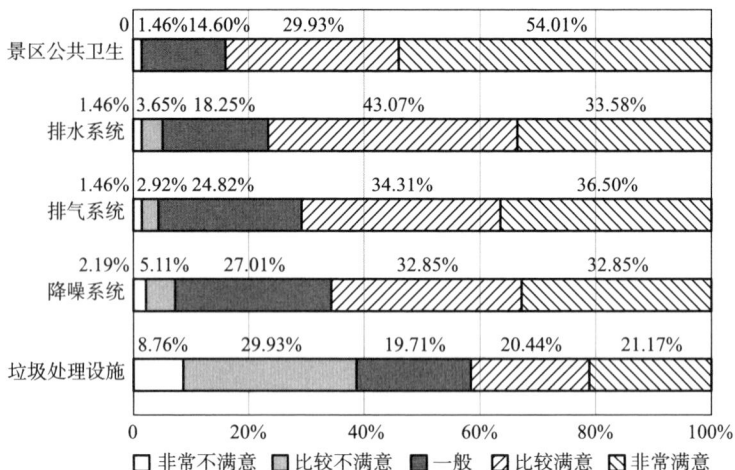

图5-33　当地居民对厦门市夜间旅游公共环境卫生的满意程度

目前，关注环境问题的消费者逐渐增加，人们对于卫生环境的要求也在逐渐提高，旅游目的地的卫生环境如何，成为影响消费者选择的因素之一。因此，厦门市不仅要保持景区的公共卫生状况，还需要对排气系统、降噪系统和垃圾处理等设施加以改进。

（三）小结

通过调查问卷分析可以得出，在旅游公共信息层面，大部分来厦游客会在夜间出行之前搜集相关的信息，并对搜集到的信息较为满意，愿意和他人分享旅游信息；部分本地居民在夜间出行之前会搜集信息，同时对信息较为满意，也愿意分享信息。但是，两者对导游服务的满意度都较低，由此可见厦门市夜间旅游的导游服务仍需进一步提升（表5-6）。

在基础设施方面，夜间旅游公共交通受众非常广，来厦游客选择乘坐公共交通的频率高于厦门当地居民。但是厦门市夜间旅游公共交通网络的建设不够完善，同时游憩设施宣传不够到位，不仅是来厦游客，厦门当地居民都不太了解厦门市的游憩设施。来厦游客对于旅游专线、旅游站点和旅游集散中心较为满意，对特殊群体设施和旅游停车场较为不满意，厦门市本地居民也对旅游专线和旅游集散中心较为满意，对特殊群体设施不太满意。来厦游客最满意的是厦门市夜间旅游的休闲绿地，最不满意的是卫生设施。厦门当地居民除不满意卫生设施外，对其余游憩设施的满意程度相差不大。由此可以看出，来厦游客更关心旅游交通设施，而本地居民更加关心休闲娱乐设施，但两者都愿意与他人共享夜间旅游基础设施。

对于卫生方面，大部分来厦游客和厦门当地居民都会关注旅游目的地的环境卫生，且两者都对景区公共环境卫生较为满意，都较为不满意垃圾处理设施。

关于安全方面，来厦游客和本地居民对于安全应急措施的了解程度都不高，但对夜间旅游的安全服务满意度较高，两者都对交通安全设施最为满意，但来厦游客最不满意旅游安全救助，本地居民最不满意旅游医疗设施。由此，不难看出绝大部分调查对象非常重视在旅行过程中的安全问题，但大部分消费者不了解厦门市夜间旅游的安全和保护措施，这也是一个较大的安全隐患。

从问卷分析中可以看出，虽然来厦游客和本地居民对于厦门市夜间旅游公共服务体系的满意度和侧重点有所不同，但大体上呈现出满意的态势。由于夜间旅游是一个较为新兴的旅游业态，厦门市夜间旅游的公共服务体系仍然存在着一定程度的缺陷。导游服务、卫生服务、特殊群体设施和安全服务设施都存在着一定的改进空间。因此，政府需要在了解本地居民和来厦游客的需求基础上，对现有夜间旅游公共服务体系做出一定程度的转型升级，以此来提高游客的满意度。

表5-6　来厦游客与本地居民对夜间旅游公共服务的感知差异

夜间旅游公共服务	相同之处	不同之处
旅游公共信息服务	在夜间出行之前会搜集相关的信息 对搜集到的信息较为满意 愿意和他人分享旅游信息 对导游服务满意程度较低	来厦游客对夜间旅游相关信息了解的不如当地居民多

夜间旅游公共服务	相同之处	不同之处
旅游基础设施服务	大部分都会选择乘坐公共交通 对游憩设施的了解程度不高 对旅游专线和旅游集散中心较为满意 对特殊群体设施和卫生设施较为不满意 都愿意与他人共享夜间旅游基础设施	相对于当地居民而言，来厦游客对于旅游停车场的满意程度更高 来厦游客更关心旅游交通设施，但厦门市当地居民更加关心休闲娱乐设施
旅游公共安全服务	对于安全应急措施的了解程度都不高 对夜间旅游的安全服务满意度较高 都对交通安全设施最为满意 都非常重视在旅行过程中的安全问题	来厦游客最不满意旅游安全救助 当地居民最不满意旅游医疗设施
旅游公共环境服务	大部分都会关注旅游目的地的环境卫生 都对景区公共环境卫生较为满意 都较为不满意垃圾处理设施	当地居民对于公共环境卫生的关注度更高

五、结论与讨论

（一）厦门市夜间旅游公共服务体系存在的问题

首先，旅游公共信息服务方面，游客和当地居民对于夜间旅游相关信息了解较少，可见厦门市在旅游信息宣传和搜集平台的建设方面存在着不足。目前大多数人都会将自己的旅游信息分享到社交媒体，而且来厦游客和当地居民都较为愿意将自己的旅游信息与别人共享，但是厦门市目前缺乏一个可以共享夜间旅游信息的平台，这在一定程度上影响着夜间旅游信息的搜集。还有就是导游服务问题，由于夜间旅游时间上的特殊性，市场监管存在一定漏洞，让一些"黑导游"有可乘之机。部分导游对来厦游客和当地居民差别对待，甚至故意强制来厦游客消费，并与部分商贩一同恶意抬高商品价格以此赚取差价，这些问题在一定程度上影响了夜间旅游体验。

其次，旅游基础设施方面，来厦游客和当地居民对于夜间游憩设施都缺乏了解，说明宣传方面存在着不足。由于特殊群体在社会上属于少数群体，而且较少进行夜间旅游活动，社会对其关注度较低，导致面向特殊群体的基础设施不足，有待提高。厦门市的夜间旅游公共交通网络建设尚未完全，也需要进一步加以完善。

再次，旅游公共安全服务方面，来厦游客和当地居民对于安全应急措施不了解，这是一个较大的安全隐患，说明这方面的宣传和知识普及存在不足之处。在旅游安全救助和旅游医疗设施方面的不满意，则说明了从业人员的安全救助技能培训不到位，以及相关设施不够完善。

最后，旅游公共环境服务方面，当地居民和来厦游客对于垃圾处理设施的满意程度都较低，由此看出垃圾桶、垃圾站等垃圾处理设施仍有待改善。当地居民作为厦门市的常住人口，对于公共卫生的关注自然会比来厦游客要高，部分来厦游客对于公共环境的保护意识要低于厦门当地居民。

（二）构建厦门市主客共享的夜间旅游公共服务体系

1.构建夜间旅游智慧系统，满足主客共享新需求

在大数据的时代背景下，智慧旅游系统的广泛利用促进了旅游业的发展，越来越多的城市开始开发自己的智慧旅游系统。厦门市在2014年就出台了有关智慧旅游的政策，针对游客搜集夜间旅游信息较为困难的问题，可以利用智慧旅游系统，开发旅游信息分享平台，鼓励游客积极分享自己的夜间旅游经验，还可以开通景区官方账号，并和景区系统相关联，更新夜间游览景区的相关信息。特别是在景区营业时间较为不确定时，需要一个夜间旅游信息发布平台来为游客提供准确的夜间旅游信息。夜间旅游智慧系统的建设可以提供一个分享信息的平台，既能够满足来厦游客搜集信息的需求，又能够满足当地居民分享旅游信息的愿望，实现主客共享的同时，还能在一定程度上提高夜间旅游的知名度。此外，可以利用智慧旅游系统开发电子导游，由于夜间旅游时间上的特殊性，夜间旅游的导游人数较少，而且存在较多的敷衍了事、强制消费等宰客现象。因此，开发电子导游导览服务，既能够方便游客在夜间旅游期间更好地了解景区相关信息，又能一定程度避免不佳的导游服务影响旅游体验。

2.加强市场监管，避免区别对待游客和居民

由于夜间旅游时间上的特殊性，从事夜间旅游服务的导游人数本就少于日间旅游的导游人数，导致部分"黑导游"消极怠工和强制游客消费，并区别对待游客和当地居民，向游客高价售卖商品赚取差价。对此，加强市场的监管，减少"无证上岗"的"野导游"，提高导游行业的准入门槛，加强对导游的培训，提升其职业素质。同时，在智慧旅游平台上设置导游评分系统，将夜间导游导览服务人员的信息录入系统，游客可以在行程结束后为导游的讲解、行程安排、服务态度等进行评分，并且根据游客的评分对导游实行一定的奖惩措施，以此在一定程度上降低夜间导游敷衍了事的可能，减少区别对待的现象，提高夜间旅游体验。

3.完善特殊群体设施，满足主客双方出行需求

随着旅游业发展，游客群体覆盖面越来越广，部分特殊群体也会选择进行夜间旅游，现有服务特殊群体的基础设施不够完善，且无障碍公厕、盲道、无障碍电梯、残疾人专用坡道等特殊群体设施常有被占用的现象，因此，一方面在数量、分布地点等方面需要进一步增加和改善，为夜间出行的特殊群体提供安全和便利的出行条件；另一方面针对设施被占用的问题，需要加大监管力度，并采取一定的惩罚措施。

4.推动公共交通网络建设，平衡主客双方需求

公共交通作为大部分游客夜间出行的首选方式，有着较大的市场需求。厦门市的公共交通网络较为发达，现有181条公交线路、3条BRT线路以及2条地铁线路，贯穿厦门市岛内和岛外。但是，目前厦门市的夜间公交线路较少，进行夜间旅游的游客大部分只能选择自驾或是打车，增加了游客在出行方面的开支。因此，厦门市需要进一步扩大夜间公共交通的规模，建设相关的夜间旅游线路，来满足来厦游客和当地居民在夜间出行的需求。针对夜间出租不打表计费、胡乱加价的现象，需要进一步加强市场监管，并且出台相关政策来进行控制，同时可以推出夜间出租车服务，费用在日间出租车的基础上略微提高一

些，既满足消费者夜间出行的需求，也在一定程度上提高司机的收入，减少漫天要价的可能。此外，厦门市旅游停车场大多集中在思明区或岛外景区附近，停车位较少，常常"一位难求"，尤其是在旅游旺季，根本"抢不到"停车位。针对这类情况，应该注意停车场之间的间隔和车位的数量，在不影响当地居民停车的前提下，开发更多的旅游停车场。

5.加强夜间旅游安全服务，增加出行安全感

由于夜间旅游时间特殊，夜间旅游的安全问题成为制约夜间旅游开展的原因之一。由于游客对旅游目的地的熟悉程度本就低于当地居民，夜间出行的安全感自然也比当地居民低，因此，需要进一步加强夜间旅游安全设施的建设，让游客和当地居民都可以安心出行。首先，加强相关安全防护措施的宣传与科普，例如，可以在智慧旅游平台上开辟夜间旅游安全专区，将相关的安全防护设施的位置以及使用方法进行详细说明，并且标注夜间安保的位置，让游客在遇到危险时能及时得到安保人员的帮助；其次，加强对导游人员旅游安全救援方面的培训，能够及时为游客提供安全救援，有效降低夜间旅游的风险。

6.提高公共卫生环境质量，主客共同维护公共环境

一方面，要继续推动"厕所革命"，保持并且逐步提高景区公共环境卫生水平；另一方面，随着垃圾分类在全国范围内的普及，许多街边垃圾桶被取消，垃圾桶间隔拉长，再加上夜间光线较为昏暗，导致部分随地乱扔垃圾的现象出现，降低了夜间旅游的环境质量，也降低了消费者的旅游体验。因此，需要增加垃圾桶数量，并在垃圾桶外观上做一定的改良，让消费者在夜间也能够轻松找到垃圾桶。同时，由于部分游客对于旅游目的地缺乏归属感，卫生保护意识不如当地居民强烈，需要提高游客归属感，加强游客卫生意识，推动游客和当地居民一同维护公共环境。

主客共享视角下厦门自驾游
服务体系构建

近年来，随着我国经济的发展，私人汽车数量不断增长，自驾游已经成为一种新型的旅游形式，自驾游市场规模也在逐年扩大。本节通过文献梳理，确定了自驾游服务体系的构成内容，并对厦门自驾游服务体系使用者进行问卷调查，运用统计产品与服务解决方案（SPSS）对数据进行分析，得出使用者对厦门自驾游服务体系的满意度以及主客共享的程度。发现厦门自驾游服务体系存在的问题，为厦门构建主客共享型自驾游服务体系提供建议。

一、引言

2020年以来，自驾游凭借更高的私密性、安全性、出行自由程度等优势成为更多游客的首选，游客出行方式发生了改变。中国旅游车船协会2020年发布的《中国自驾车、旅居车与露营旅游发展报告2020—2021》（以下简称《报告》）结果显示，2020年国内旅游总人数28.79亿人次，自驾游人数达到22.4亿人次，占比达到了77.8%。根据2021年文化和旅游部公布的十一黄金周期间数据显示，省内旅游人数占49.1%，同比增长4.1个百分点；其中88.3%的旅客选择出游距离在300公里以内，55.8%的游客选择自己驾车，较上年增长了10%。房车露营和周边自驾成了旅游热门。自驾游在旅游市场上的占有率越来越大，但我国自驾游服务的供给与游客个性化需求之间仍然存在矛盾，自驾游服务体系发展不平衡。

随着经济的发展和人们生活方式的变化，人员流动使城市人口结构发生变化，城市新增了很多来自各地的新居民。居民和游客的休闲、旅游的行为特征日益趋同，城市公共休闲空间与旅游景区的划分也越来越模糊，主客共享已经是城市旅游业发展的趋势。基于"主客分异"到"主客共享"的转变，旅游城市的发展不再是仅依靠行政机关对行政相对人的管理行为，而是形成政府、行业组织、企业、居民、游客等多元主体在同一空间内将呈现共生、共建、共治、共享的局面。国际旅游发展经验给了我们启发，旅游目的地的建设要以高品质的生活方式和文化地标承载人类文明演化的共同价值。这样的旅游目的地才能吸引游客，也能留住居民。

在当前全域旅游和主客共享的大背景下，自驾游目的地体系需打破传统景区景点单一、封闭的旅游模式，以自驾车旅游业为优势产业，依托自驾车旅游产业和市场优势，通过资源整合、产业融合、区域协调、社区共建共享等方式实现目的地各系统要素的优化，有利于提升我国自驾旅游目的地建设管理水平。中国旅游研究院院长戴斌在"2021·中国武陵文旅峰会"上也提出"今天的游客对目的地基础设施的要求，不仅要要素完善，还要界面友好，进一步延伸就是公共服务水平的提升"。

本节将结合国内外自驾游服务体系的相关研究，从主客共享的角度提出如何构建厦门自驾车旅游服务体系的新思路，也为厦门市自驾游的健康发展提供理论依据。

二、文献回顾

（一）自驾车旅游

自驾车旅游起源于20世纪的欧美发达国家。20世纪90年代后期，随着经济快速发展，交通基础设施的改善，在我国珠三角、长三角及京津地区出现自驾游，简单来说，就是游客自行驾驶汽车出游。2006年第一次中国自驾游高峰论坛将自驾车旅游定义为"自驾游是有组织、有计划，以自驾车为主要交通方式的旅游形式"[120]。陆军（2007年）的研究认为自驾游是一种旅游者自己驾车的自助旅游模式，它比普通的旅行更加自主、更加灵活[121]；张晓燕（2006

年）认为，自驾车旅行是指旅游者以私人汽车或租赁车辆为主要交通工具，以休闲活动为主导，以自发团体为主体的旅游活动，并由此引起的各种关系和现象的统称[122]。

（二）旅游服务体系

目前，我国关于旅游服务系统的分类研究还没有一个统一标准。邹永广和谢朝武（2011年）归纳的农村旅游服务体系的研究，是迄今为止最全面、最明确的一种，他们从服务供给和需求两个方面将旅游服务系统分为核心服务、辅助服务和扩展服务三个层次[123]；张广瑞（2008年）综合国内外相关研究及旅游公共服务建设的实践经验，将旅游公共服务的内容划分为四大类，分别是基础设施服务、公共信息服务、安全监测服务、旅游行业指导服务[124]。

（三）自驾车旅游服务体系

汪洁（2011年）认为自驾车旅游服务体系是为自驾车旅游顺利开展，旅游目的地政府和企业有效整合旅游服务内容，为满足自驾游市场需求，保障自驾游运行，而提供有关服务的一个整体系统[125]。它并不同于一般的旅游服务体系，自驾车旅游服务体系不仅包含普通的旅游六要素——吃、住、行、游、购、娱服务，还增加了自驾游信息服务和自驾游行业服务。自驾游出行具有其特殊的移动性强的属性，游客在旅途过程中依赖大量的信息，随着互联网的运用，自驾车旅行将迎来新的发展时代。何静（2017年）将自驾车旅游服务体系细分为3个方面：旅游六要素服务、自驾游信息服务、自驾游行业服务[126]；代昆豪（2017年）等认为自驾车旅游服务体系的内容，主要有网上信息服务系统、旅游车辆服务、旅游物流服务、汽车营地服务体系四大部分[127]；李伟和王凯（2020年）认为自驾游作为一种新型的旅游形式，其本质与旅游本身相同，都是为了追求身心自由和精神愉悦，旅游体验有赖于目的地的产品体系、基础设施体系、公共服务体系以及相关支撑体系的不断健全与完善[128]。Roeh WS（1993年）和Shih HY（2006年）等分别讨论了交通技术、科技发展、旅游吸引物、公共政策等环境因素对自驾游产生的影响[129][130]。Hallo和Manning

（2009年）通过访谈方式了解到自驾游给游客带来了无穷的乐趣，而这种乐趣的影响因素和交通的流量、标识系统、速度限制等方面有很大关系，并提出了风景道的功能属性和一般意义上的道路交通有很大的不同之处[131]。

通过对现有文献的分析，从主客共享角度，本节提出自驾车旅游服务体系的构成要素，如表5-7所示。

表5-7　自驾车旅游服务体系构成要素

维度	自驾车旅游服务体系具体内容
自驾车旅游基础设施服务	通讯设施、加油站、道路与停车场、自驾车风景道、汽车营地
自驾车旅游公共服务	自驾游咨询服务、互联网服务、标识服务、安全保障、投诉与反馈

随着国家全域旅游发展战略的推进，互联网和私家车的普及，自驾旅行改变了传统的以景点为中心的模式，将全域作为旅游发展的载体和平台，拓宽了城市资源共享途径，使城市居民与游客之间的联系更为密切。在旅游成为常态化生活方式的时代，构建系统的自驾车旅游服务体系，有利于全域旅游的发展。

三、厦门自驾车旅游服务体系概况

（一）厦门自驾车旅游发展现状

厦门发展自驾车旅游的优势在于作为知名旅游城市，吸引力较强，自驾车旅游需求量大；基础设施建设相对完善；旅游业作为厦门的支柱产业，其发展受政府及相关企业的重视。

厦门是全国著名的经济特区，有着"海上花园"的美誉，2016年被列入"全国休闲旅游示范区"。据《2020年度厦门城市交通发展报告》显示，截至2020年底，厦门市机动车保有量为175.5万辆。汽车拥有量增加，自驾车旅游成为流行新趋势。根据厦门市历年旅游统计数据可以发现，厦门国内旅游客源主要集中在长江中下游地区、珠江三角洲地区及福建本省和邻近省份。其中，福建本省游客在厦门国内旅游市场中占30%以上，是厦门国内旅游市场的重要组成，这部分市场进一步推动了厦门的自驾游市场。游客选择国内、省内的短途旅行，使其需求发生变化，自驾游游客大量增加。厦门作为旅游城市更应关注市场需求的新变化，及时做出调整，使旅游产业健康稳定地发展。

（二）厦门自驾车旅游服务体系现状

1.自驾车旅游基础设施

自驾车旅游基础设施包含通讯设施、加油站、道路与停车场、自驾车风景道、汽车营地。如表5-8所示，厦门市已初步形成了"内外通达、环湾辐射"的交通网络骨架，基础设施建设和城市功能的不断完善，先后获得了"中国优秀旅游城市"和"联合国人居奖"等荣誉。但仍存在着一些需要改善的方面，厦门交通建设速度远远跟不上旅游市场发展速度，厦门部分路段交通流量趋于饱和。旅游交通空间分配不合理，目前厦门旅游线路以岛内为主，对将旅游引导至岛外的带动性不强，加剧了岛内的旅游交通供需不平衡。

表5-8　厦门市自驾车旅游基础设施服务发展现状

项目	发展现状
通讯设施	2020 年，共建成 5G 基站 5459 个
加油站 / 充电站	截至 2021 年，加油站 144 座、充电站 595 座
公路建设	截至 2020 年末，全市公路通车里程 2223 公里 国家高速公路 4 条、普通国道 3 条、普通省道 5 条
停车场建设	停车泊位 86.1 万个（岛内 45.7 万个、岛外 40.4 万个）
汽车营地	现有房车露营地 5 个（岛内 3 个、岛外 2 个）

2.自驾车旅游公共服务

自驾车旅游公共服务是自驾车旅游服务体系的重要内容，包括自驾游咨询服务、自驾游互联网服务、自驾游标识服务、安全保障、投诉与反馈。在自驾车旅游公共服务方面，厦门先后建成信息服务平台、旅游集散中心等公共服务设施并投入使用（表5-9）。公路与景区内的标识也比较齐全清晰。同时建立游客安全应急体系，完善旅游服务质量服务平台。厦门自驾车旅游咨询和自助旅游标识服务比较完备，但自驾车旅游信息服务还存在不足，"信息孤岛"问题仍然存在，造成各部门之间的工作难以协调。另外，还缺少能够为游客提供全面、丰富、实时交通资讯的智慧旅游交通一体化的信息平台。

表5-9　厦门市自驾车旅游公共服务发展现状

提供方式	发展现状
线上互联网	"i厦门"信息服务平台
线下游客中心	厦门游客集散中心，共有10个线下服务网点
电话	114旅游呼叫中心、111858旅游咨询热线

四、实证研究

（一）研究设计

本次调查针对厦门自驾车旅游公共服务设施的普通使用者（包括游客与居民），通过网络和实地发放调查问卷采集一手数据，主要从使用者对厦门自驾车旅游服务体系的满意度和主客共享意愿两方面展开调查。自驾车旅游服务体系的满意度评估，包括自驾车旅游基础设施服务和自驾车旅游公共服务两个纬度，其中自驾车旅游基础设施服务主要包含通讯设施、加油站、道路与停车场、自驾车风景道、汽车营地5个方面；自驾车旅游公共服务的感知受到自驾游咨询服务与自驾游互联网服务、自驾游标识服务、安全保障、投诉与反馈4个变量的影响（表5-10）。

表5-10　问卷测量量表

维度	内容	问卷选项
自驾车旅游基础设施服务	通讯设施	厦门市道路及沿线的通讯信号很好
	加油站	厦门市所提供的车辆服务较好
	道路与停车场	自驾游时您会使用为居民服务的公共设施
		厦门的交通可达性较强
		节假日厦门的交通拥堵状况较少
		在厦门出游的过程中停车较为便利

续表

维度	内容	问卷选项
自驾车旅游基础设施服务	自驾车风景道	您自驾游厦门期间最常去的风景公路
		厦门道路沿线的景观较好
		厦门道路及沿线景观展示了闽南本地文化
	汽车营地	厦门自驾车营地的服务配套齐全
		厦门自驾车营地提供的服务较好
		我希望在厦门有自驾车营地的体验
自驾车旅游公共服务	咨询服务与互联网服务	您通过什么渠道了解自驾出游信息
		厦门市提供的关于自驾游的信息比较全面
		厦门市通过互联网收集自驾游信息非常便利
		通过互联网收集的信息准确性较高
		自驾出游厦门期间是否存在互联网上收集不到信息
		您更倾向于选择厦门本地居民推荐的自驾出游信息
	标识服务	厦门道路沿线的标识牌很醒目
		厦门道路沿线的标识牌信息易于理解
		厦门道路沿线的标识牌信息准确
	安全保障	厦门的整体驾驶环境比较安全
	投诉与反馈	您通过什么渠道进行投诉
		您自驾游期间一般会因为什么问题会选择投诉
		您是否做出投诉并得到积极处理

本次调查采用线上调研及现场发放的方式进行，其中实地发放问卷65份；回收65份；网络发放问卷319份，回收319份，共回收问卷384份。问卷调查对象中有184名居民，200名自驾车旅游者。经过筛选，回答时间少于3分钟、上下答案逻辑相互冲突的被认为无效，共剔除86个无效样本，获得298个有效样本。

（二）数据分析

本次调查的样本统计特征如表5-11所示。

游客中常驻地为厦门的人数达到了78.9%，是厦门自驾游的主要群体。其次，福建省（除厦门）人数占12.1%，说明大部分游客会选择省内近距离自驾游。

表5-11　样本统计学的描述性分析结果

名称	选项	人数	百分比（%）
性别	女	161	54
	男	137	46
年龄	< 20 岁	26	8.7
	21 ~ 30 岁	153	51.3
	31 ~ 40 岁	51	17.1
	41 ~ 50 岁	58	19.5
	> 51 岁	10	3.4
常驻地	厦门	235	78.9
	福建省（除厦门）	36	12.1
	福建省外	27	9.1
受教育程度	本科	185	62.1
	大专以下	65	21.8
	专科	34	11.4
	硕士及以上	14	4.7
职业	学生	131	44.0
	普通白领	46	15.4
	自由职业者	31	10.4
	工人	40	13.4
	公务员	7	2.3
	高层管理人员	14	4.7
	其他	29	9.7
月收入	3000 元以下	130	43.6
	3001 ~ 5000 元	70	23.5
	5001 ~ 10000 元	64	21.5
	10001 ~ 30000 元	22	7.4
	30001 元以上	12	4.0
合计		298	

1.自驾车旅游游客行为特征分析（表5-12）

（1）出行时间。35.6%的人表示自驾游时间不固定，32.2%选择在周末的时间来厦门旅游，16.8%选择在法定节假日来此旅行，这说明短途周末游成为厦门的主要旅游形式，年休假的高峰期也是未来需要重视的旅行时间之一。

（2）停留时间。40.9%自驾车旅游者选择两天以上的停留时间，30.9%选择两天一夜，28.2%选择一天。说明自驾车旅游多以短期旅游为主。

（3）人均消费。自驾车游客人均消费501～1000元的占30.2%，1001～2000元的占28.2%，2000元以上的占24.2%。说明自驾车游客消费能力较强。

（4）最美风景道。51.0%的自驾车游客认为厦门最值得一去的风景道是环岛南路（厦门大学附近），18.5%认为是环岛东路（观音山），18.5%认为是滨海大道（同安区滨海旅游浪漫线），2.7%认为是厦门大桥，9.4%选择其他。

（5）自驾游信息收集渠道。68.1%的受访者选择抖音或小红书平台收集自驾游信息，58.7%选择朋友圈推荐，17.1%会选择咨询厦门本地居民，13.1%选择报纸。这对于今后自驾游旅游宣传平台的选择有很大的帮助。

（6）投诉渠道。49.7%的受访者表示会通过打电话进行投诉，34.6%会现场投诉，15.8%会通过小红书或微博进行投诉。

表5-12　厦门市自驾车旅游游客行为特征

名称	选项	人数	百分比（%）
游客出行时间	周末	48	32.2
	法定节假日	25	16.8
	寒暑假	16	10.7
	年休假	7	4.7
	不固定	53	35.6
游客停留时间	1天	42	28.2
	2天1夜	46	30.9
	2天以上	61	40.9

名称	选项	人数	百分比（%）
人均消费	500元	26	17.5
	501 ~ 1000元	45	30.2
	1001 ~ 2000元	42	28.2
	2000元以上	36	24.2
厦门最美风景道	环岛南路	152	51.0
	环岛东路（观音山）	55	18.5
	滨海大道	55	18.5
	厦门大桥	8	2.7
	其他	28	9.4
收集自驾游信息渠道	报纸	39	13.1
	抖音/小红书	203	68.1
	朋友圈	175	58.7
	咨询厦门本地居民	51	17.1
投诉渠道	现场投诉	103	34.6
	小红书/微博	47	15.8
	打电话	148	49.7

2.厦门市自驾车旅游服务体系主客满意度分析

（1）信效度分析。信度是测量学概念，是反映问卷中题目的稳定性和是否具有一致性的重要指标之一。克朗巴哈系数（Cronbach's Alpha）是一种最常见的信度测量方法。若因子大于0.6，则表示该量表的可信性较高；0.5—0.6表示该量表结构不合理，应重新设计；小于0.5表示该量表不具有稳定性。因子超过0.8为佳，表明该量表具有较强的内在一致性。采用SPSS对量表题项进行了信度分析，其结果见表5-13、表5-14，问卷整体与各个维度的克朗巴哈系数超过0.6，表明该量表是可信的。

表5-13　居民有效问卷信度分析表

项目	自驾车旅游基础设施服务	自驾车旅游公共服务	整体
条目数	13	13	26
克朗巴哈系数	0.883	0.796	0.915

表5-14　游客有效问卷信度分析表

项目	自驾车旅游 基础设施服务	自驾车旅游 公共服务	整体
条目数	11	11	22
克朗巴哈系数	0.892	0.831	0.925

效度分析可以测验研究数据的有效程度，确定该问卷是否适合做因子分析。本节采用了探索性因素分析，对游客对厦门自驾车旅游服务体系的认知进行探究，并进行了KMO和Bartlett's球形检验。一般认为KMO值大于0.6说明适合做因子分析，大于0.8，说明非常适合做因子分析，小于0.6说明效度不佳。如果KMO值小于0.5，说明文本不适合做因子分析。

由表5-15可知，以上变量的KMO值均大于0.6，且效度分析通过了巴特利球形检验。由此可见，此量表为有效量表。

表5-15　结构效度分析结果

检验	项目	居民	游客
KMO 检验	——	0.878	0.761
Bartlett's 球形检验	近似卡方	3544.996	6332.644
	df	561	1378
	p	0.000***	0.000***

（2）满意度评价因子得分均数分析。通过问卷调查结果的平均值计算，居民与游客对厦门自驾车旅游服务体系的整体满意度分别为3.98和3.95，居民略高于游客，但总体相差不大（表5-16、表5-17）。8个变量使用者的满意度排序为：

居民：标识服务＞通讯设施＞自驾车风景道＞安全保障＞咨询与互联网服务＞汽车营地＞加油站＞道路与停车场

游客：自驾车风景道＞通讯设施＞标识服务＞安全保障＞咨询与互联网服务＞汽车营地＞加油站＞道路与停车场

通过对比可以看出道路与停车场、加油站和汽车营地在居民与游客的满意度打分中均较低，其中道路与停车场的满意度最低，使用者整体对厦门的交通道路情况，以及停车场建设较为不满意；通讯设施、自驾车风景道、标识服务几项的居民与游客满意度平均分较高，说明厦门的风景环境、交通标识以及通讯设施建设得到居民和游客的认可。本节在调查问卷的差异基础上，对居民和游客的调查问卷进行了变异系数（C.V）分析，在变量值不超过0.3的情况下，这一因素的满意度分数是比较集中的；当变量值超过0.3时，表示该因素的满意程度比较分散，使用者对这一因素的评价存在很大差别。

　　对于居民来说，节假日拥堵状况出现了评价差异较大的情况，且其满意度得分较低；对于游客来说，节假日交通拥堵状况以及出游停车的便利程度出现了满意度评价差异性较大的情况，且其满意度得分也较低。可以得出，使用者对大部分因子满意度的评价差异性较小，整体较为客观，满意度评价差异主要出现在道路与停车场这一分类下。

表5-16　厦门自驾车旅游服务体系居民满意度得分表

维度	变量	问题	居民		
			满意度得分	满意度排序	变异系数
自驾车旅游基础设施服务	通讯设施	道路沿线的通讯信号好	4.16	4.16	3	0.17
	加油站	车辆服务好	3.87	3.87	14	0.22
	道路与停车场	交通可达性强	4.19		2	0.17
		节假日交通拥堵状况少	3.35	3.72	16	0.34
		停车较为便利	3.61		15	0.26
	自驾车风景道	道路沿线的景观较好	4.25		1	0.17
		道路沿线展示了闽南文化	4.05	4.15	8	0.19
	汽车营地	自驾车营地服务配套齐全	3.88		13	0.20
		自驾车营地提供服务好	3.89	3.88	11	0.20

维度	变量	问题	居民		
			满意度得分	满意度排序	变异系数
自驾车旅游公共服务	咨询服务与互联网服务	自驾游的信息较全面	3.96	10	0.21
		互联网收集信息便利	4.12	7	0.18
		互联网收集信息准确性高	3.88 3.99	12	0.21
		标识牌醒目	4.14	6	0.17
	标识服务	标识牌信息易理解	4.15	4	0.17
		标识牌信息准确	4.15 4.15	5	0.16
	安全保障	驾驶环境安全	4.04 4.04	9	0.19
整体满意度得分			3.98		
C·V > 0.3	数据较为分散;	C·V > 0.3，数据较为集中			

表5-17 厦门自驾车旅游服务体系游客满意度得分表

维度	变量	问题	游客		
			满意度得分	满意度排序	变异系数
自驾车旅游基础设施服务	通讯设施	道路沿线的通讯信号好	4.18 4.18	2	0.15
	加油站	车辆服务好	3.77 3.77	14	0.22
	道路与停车场	交通可达性强	4.06	8	0.18
		节假日交通拥堵状况少	3.16 3.52	16	0.38
		停车较为便利	3.33	15	0.34
	自驾车风景道	道路沿线的景观较好	4.32	1	0.17
		道路沿线展示了闽南文化	4.10 4.21	7	0.18
	汽车营地	自驾车营地服务配套齐全	3.86	13	0.20
		自驾车营地提供服务好	3.87 3.86	12	0.21

续表

维度	变量	问题	游客		
			满意度得分	满意度排序	变异系数
自驾车旅游公共服务	咨询服务与互联网服务	自驾游的信息较全面	3.98	11	0.20
		互联网收集信息便利	4.11	4.03	3	0.18
		互联网收集信息准确性高	4.00	10	0.19
	标识服务安全保障	道路沿线标识牌醒目	4.11	4	0.18
		道路沿线标识牌信息易理解	4.11	4.11	5	0.17
		道路沿线标识牌信息准确	4.11	6	0.17
		驾驶环境安全	4.05	4.05	9	0.20
整体满意度得分			3.95		
C · V > 0.3	数据较为分散	C · V > 0.3，数据较为集中			

（3）基于主客双视角的满意度评价因子对比分析。通过图5-34可以看出，游客与居民的变量指标因子满意度整体趋势较为相似。道路与停车场变量满意度整体较低，居民的整体满意程度略高于游客。对于居民与游客来说，道路与停车场、加油站以及汽车营地的满意度要低于满意度平均值。对于游客来说，自驾车风景道的满意度明显高于其他变量，且对于道路与停车场、加油站以及汽车营地的满意度要低于居民，可以得出游客对自驾车旅游基础设施服务满意度较低。

大部分使用者认为厦门道路沿线的风景优美，游客满意度略高于居民，考虑到存在不同的生活情境对心情的影响，可能会影响对风景的满意度感知结果。自驾游游客在身心放松时可能对风景的满意度更高。

对于厦门市道路及沿线的通讯设施，使用者评价均较好。说明厦门市通讯基础设施建设完善，网络全覆盖，没有无信号地区。

关于自驾车旅游服务体系中的标识服务，使用者评价均较好。说明厦门公路上标识信息醒目、简洁、易懂，交通道路易于寻找，能够提升自驾游游客旅途体验。

多数使用者认为通过互联网收集自驾游旅游信息非常便利，自驾游游客基本通过线上渠道进行自驾游路线选择。随着互联网的发展，信息收集渠道增加，信息的收集也更加便利。

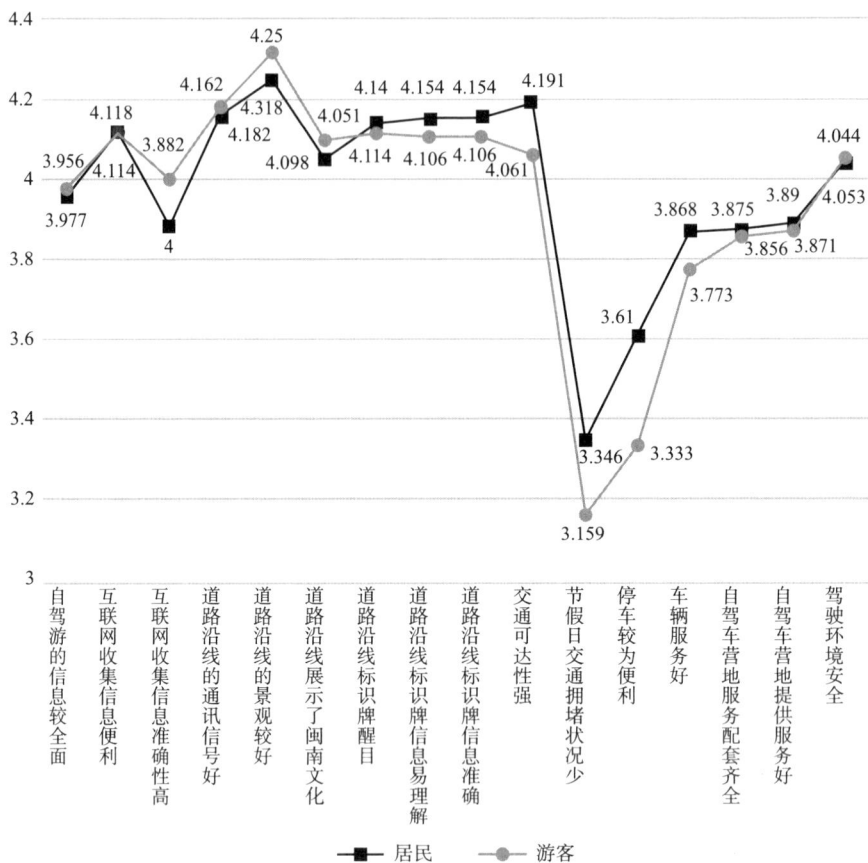

图5-34　居民与游客变量满意度得分平均值对比

结合厦门自驾游出游经验来看，一些景点店铺存在夸大宣传的现象，导致互联网收集的信息可信度下降。并且根据填写问卷的居民反映，现在互联网上搜索不到小众景点的出游信息，厦门市应加强全域旅游的宣传，丰富互联网上多样的自驾游信息。

对于厦门自驾车营地的配套服务和提供的服务，使用者整体评价偏低。说明厦门汽车营地的建设还不够完善，汽车营地的建设跟不上逐渐扩大的自驾游市场需求。

对于厦门市所提供的车辆服务、停车以及节假日厦门的交通拥堵状况整体评价较低，结合实际情况不难发现，厦门市原知名景区集中在环岛南路，节假日游客聚集，导致交通拥堵、停车困难的问题。说明厦门市应加强全域旅游的建设，分散自驾游游客，减少游客聚集现象。并且应该及时加强自驾车旅游基础设施服务的建设，以适应游客需求的变化。

通过对问卷中厦门的整体驾驶环境满意度得分分析，并且根据对厦门交通路段的实地调研，厦门自驾游期间车辆太多易发生追尾事件。厦门有很多跨海大桥，受新闻事件的影响，驾驶员会对交通安全状况感到担忧。

对于交通可达性，居民评价明显偏高于游客。结合实际使用情况来看，居民对厦门路况更为熟悉，同时客观因素上厦门小路较多，道路较为复杂，并不是所有游客都能快速找到路线以及停车场，种种原因造成了居民与游客的满意度差异。

对于道路及沿线景观，游客评价偏高于居民，厦门居民相较于游客更了解闽南文化，所以对道路景观中的闽南特色元素要求更高。

3.厦门市自驾车旅游服务体系主客共享分析

（1）主客共享态度。根据问卷分析，95.3%的厦门居民愿意为自驾游游客提供帮助，推荐旅游信息，仅有4.7%的居民表示不愿意。有63.09%的游客表示会将居民生活场所作为自己的旅游目的地，36.91%表示不会。说明厦门游客与居民共享态度较好。

其中愿意体验居民生活场所的游客中，选择健康步道的有78.72%、选择社区公园的有64.89%、选择图书馆的有31.91%、选择菜市场的有29.79%、选择其他场所的有17.02%。超过半数的游客在厦自驾游期间有与居民共享公共设施的意愿，并且根据实地调研，厦门市公共休闲场所建设完善，可供游客选择的游憩场所较多，并且种类也较丰富。

（2）主客共享对使用者的影响。对居民的影响：53%左右的居民认为游客影响到自己的生活，但同时有67%的居民认为游客的到来优化了城市生活环境。说明与游客共享设施能够优化居民生活环境。

对游客的影响：78%左右的游客认为与居民共享服务设施提升了自驾游体验。这为今后厦门旅游业的发展提供了启示，要积极探寻能实现与居民共享的途径，提高游客满意度。

（三）小结

通过数据分析，使用者对厦门自驾车旅游服务体系的满意度尚可，并且居民与游客的满意度相差不大，居民和游客主要在交通可达性、道路地域特色感受上存在差异。主客使用者都认为厦门风景优美，沿线景观较好，适宜自驾游、5G全覆盖，通讯设施建设完善、道路标识清晰明确。但使用者对于厦门自驾车旅游基础设施建设、互联网收集的信息准确性与全面性满意度较低。厦门自驾车旅游服务体系主客共享意愿较强，咨询与互联网服务较好实现了主客共享，但道路与停车场的主客共享不够充分。

五、问题与建议

（一）厦门市自驾车旅游服务体系存在的问题

1.政府部门以及相关行业组织共享意识不到位

目前厦门市自驾游游客居多，自驾游游客不再单纯集中于热门景点，而会选择当地居民集中的小众景点。但政府部门在管理过程中，共享意识不足，并未针对主客共享的服务设施进行系统化管理。如集美的十里长堤，如果能重视自驾车旅游服务体系的建设，对现有露营地进行合理、系统的规划，就会避免出现破坏环境、乱停车等问题。政府及相关行业组织应以主客共享思维积极主动地对适宜露营的地区进行合理布局和规划，完善自驾车旅游服务体系。

2.基础设施不健全，资源利用率不高

交通是旅游的重要组成部分，直接关系到一个城市的游客承载能力，厦门

基础设施建设相较于自驾游游客增长速度有所滞后，这对厦门市的可持续发展是不利的。目前岛内热门景区周边土地资源紧张，新建基础设施难度较大，因此，政府和有关单位应从主体和客体角度，改善现有基础设施的利用率，缓解目前基础设施建设的不足，以提升游客的满意度。

3.自驾车旅游服务供给水平较低

厦门市自驾车旅游服务系统尚处在起步阶段，自驾车游客大多是自发出游，自驾游景区建设缺乏特色，汽车营地建设也不够完善。自驾游风景道是展示当地文化的重要组成，厦门的道路两侧植被覆盖率高，虽然环境景色优美，但缺乏闽南特色元素，不能让游客体验到当地的文化特色。使用者对于汽车营地满意度也较低，说明厦门汽车营地不足，如思明区，暂时无法满足自驾游游客对汽车营地的需求。

4.自驾车旅游网站缺乏创新性

受访者表示自驾游信息不全面、不准确。在互联网上收集的自驾游信息，大多是较热门的景区，并且部分营销号具有夸大宣传成分。缺乏一个服务于自驾游游客的综合性网站，为自驾游游客提供实时出游信息，详细介绍厦门各个适宜自驾游的地点，以及相关旅游路线推荐。

（二）厦门市自驾车旅游服务体系建设的建议

1.提高使用者的主客共享意识

构建"主客共享"型的自驾车旅游服务体系，可以充分发挥其综合功能和带动效应，实现旅游发展的双赢。社区居民、游客、景区等多方利益主体共享基础设施、美好环境、公共服务、经济发展和旅游发展的红利。政府在规划、建设中应优先考虑如何能够实现资源的主客共享，提高资源的利用率。相关旅游企业，在路线设计、宣传方面可以增加对主客共享设施的利用，缓解资源紧张的现状。

2.提高现有资源的利用率

厦门是全域旅游示范区，但是目前自驾游旅游供给碎片化程度较高，各景区间的联系不强，现有基础设施与游客共享性差。岛内与岛外的互动率较低，导致大量游客集中于岛内，造成旅游高峰时期基础设施紧张的现象。加大道路、停车场的共享力度，进一步缓解厦门交通堵、停车难等问题。充分利用社会资源，打造主客共享的自驾车旅游服务体系。

（1）政府可以推出相关政策，帮助游客与居民共享停车场。节假日期间，可开放部分写字楼、商场以及居民楼的停车场供游客使用。

（2）合理规划停车场位置。可在景区附近空间充足、交通便利的地点设置停车场，便于游客选择"自驾+公共交通"的方式出行，自驾至停车位充足的地区后再步行或者乘坐公共交通前往景点。

（3）政府以及相关部门要及时更新互联网信息。加强互联网信息技术的运用，发展智慧旅游，实时更新路况、拥堵程度、停车场信息等。另外，可开通停车场预定渠道，减少游客等待时间。

（4）在节假日期间，可以通过实行除思明区外的其他四区停车免费的政策，吸引游客。

（5）在全域旅游主客共享背景下，打造全域旅游路线，加强不同区域之间的联系，分散游客至不同区域的其他景点，将岛内游客疏导至岛外，缓解岛内交通压力，并促进岛外旅游业发展，激发厦门旅游新活力。

3.创新自驾车风景道，彰显文化特色

厦门目前的自驾车风景道缺乏自驾游特色与地域特色。自驾车旅游服务体系的建设要充分利用本地的资源优势，将本地文化和设施建设结合在一起，打造"海上花园·诗意厦门"的旅游形象。

（1）在厦门自驾车风景道的建设过程中，应充分尊重社区居民的意见，推动发展效益的共享，促进区域的可持续发展。

（2）政府及其相关部门可创建不同级别的自驾车风景道，加大宣传力度。

（3）在跨海大桥上选择视野开阔的地区，设置驻车观景台，供自驾游游客在跨海大桥上欣赏厦门美丽风景。

（4）在跨海大桥设计一条旅游专用车道，自驾游游客可在该车道上慢速行驶，享受惬意旅游时光。

4.加强汽车营地建设

汽车营地是自驾车旅游行业所依赖的最基础的空间单位。从"主客共享"角度来看，要实现共享自驾车旅游服务体系发展成果，需综合考虑环境、交通、区位等因素，突破单纯依托传统景区发展自驾旅游。构建营地、景区、观光道、停车观景台等多层次、多功能的空间布局，以达到全域旅游主客共享的局面。

5.构建智慧自驾车旅游服务体系，加强主客信息交流

依托现代信息技术，提高厦门自驾车旅游服务体系的智慧程度。利用互联网信息技术，加强游客与居民的信息交流，帮助游客实现旅游便利性的同时提升居民的居住环境。进一步完善信息化建设，由于自驾车旅游的流动性和区域性特点，打造自驾车旅游智慧平台，为旅客提供全方位的信息服务。在这个平台上，游客可以查询到沿途的游客人数、交通状况、天气状况、景点价格等信息，还可以了解沿途的道路、餐厅、景点等设施的完善情况，以及最适合自己的路线图、停车场信息、停车场预订等。旅客在旅游过程中遇到的问题，可以通过网站进行解决、投诉等。还可以分享居民游玩经验，列出清单，标明每个地点的特色以及弊端，为自驾游游客提供更多、更全面的信息。

6.强化安全保障体系

对于自驾游的游客来说，安全驾驶问题尤为重要。从调查问卷结果显示，游客反映厦门市存在车辆乱停、乱放现象，驾驶环境安全度较低。为建立安全的自驾游安全保障体系，厦门市要设立安全提示牌，各部门共同建立良好的社会治安环境，并完善道路救援系统与医疗救助服务，为自驾游游客提供健全的安全保障服务。

第六章

厦门全域旅游"主客共享"耦合
发展的优化路径与创新机制

根据耦合协调的理论研究，结合第四、第五章城市主客休闲旅游需求与城市公共休闲空间耦合协调的实证分析，贯彻"创新、协调、绿色、开放、共享"发展理念，以旅游业供给侧结构性改革为主线，确立全域旅游目的地城市主客共享耦合协调的优化目标。对厦门全域旅游"主客共享"耦合发展的优化路径与创新机制做进一步分析和思考，以期为全域旅游目的地城市主客共享建设提供示范效应，推动全域旅游目的地城市的新发展。

| 第一节 |

厦门全域旅游"主客共享"
耦合协调发展的优化路径

一、全域旅游目的地城市主客共享耦合协调的优化目标

发展全域旅游是优化供给侧结构的有效抓手，秉承"创新、协调、绿色、开放、共享"的发展理念，确立全域旅游目的地城市主客共享耦合协调的优化目标。第一，调整城市主客休闲旅游需求与城市公共休闲空间供给系统的内部结构，根据城市主客休闲旅游需求数量的增长和需求结构与比例的变化，增加城市公共休闲空间的供给，提升公共服务品质，使供需结构合理化；第二，促进城市主客休闲旅游需求与城市公共休闲空间供给系统的协调发展，充分发挥各子系统之间的耦合互动和协同作用，提高全域旅游目的地整个系统的和谐性，实现休闲旅游业高质量、跨越发展。

前文研究结果显示，厦门游客旅游需求、居民休闲需求与城市公共休闲空间供给系统之间都达到了较好的协调发展。为了打造全域旅游目的地，实现主客共享，厦门市必须保持其游客旅游需求、居民休闲需求与城市公共休闲空间供给系统长期处于优质协调状态，发挥两者耦合联动正向作用机理。一方面，在休闲旅游市场规模逐年增长的态势下，城市公共休闲空间供给系统应结合城市建设，主动适应主客休闲旅游市场需求，通过全社会参与共享，共同把休闲旅游产业做强，确保两者间耦合协调关系保持逐年提升的优质状态；另一方面，在城市公共休闲空间供给系统持续发展下，休闲旅游产业可通过丰富旅游产品线、实施品牌推广、精准营销等系列举措，满足多样化的休闲旅游消费需求，扩大市场份额，确保主客休闲旅游需求与城市公共休闲空间供给系统长期处于优质协调发展状态。

具体到厦门，要以旅游业供给侧结构性改革为主线，坚持"大旅游、大产业、大发展"理念，贯通旅游业投资、建设、生产、服务、消费各环节，形成需求牵引供给、供给创造需求的更高水平动态平衡，满足人民群众日益增长的美好生活需要。以高品位打造国际滨海花园旅游城市，高水平建设世界一流旅游休闲城市为目标，大力拓展全域旅游内涵，实现产业全域覆盖、景区全域联动、产品全域优化、线路全域统筹、品牌全域整合、市场全域营销，推动旅游产业高端化、精品化发展。

要实现这些目标，必须通过对数量、质量、服务等休闲旅游全要素的整合，为游客和市民提供更加立体的休闲旅游产品，"发展全域旅游后，未来厦门将处处是风景"。

二、厦门全域旅游"主客共享"耦合协调的优化路径

（一）数量的优化

充足的国民休闲和旅游空间、完善的休闲和旅游设施，是城市休闲和旅游竞争力的重要内容和发展基础。城市公共休闲空间包括城市公园绿地、城市

广场、滨水休闲区、商业休闲区、体育休闲空间、文化休闲空间和旅游景区（点）等。随着人们对休闲和旅游等各方面需求的升级，休闲和旅游供需之间产生了矛盾。前文研究表明，游客旅游需求和居民休闲需求发展速度高于城市公共休闲空间发展速度。

1.供给优化

为解决这一矛盾，厦门市一直致力于拓展和完善休闲和旅游公共空间。首先，厦门推动公园绿地建设，打造"公园城市"，公园是与市民生活息息相关的地方，根据《厦门市绿地系统规划修编和绿线划定（2017—2020）》计划，2020年，厦门公园数量将增至342个（表6-1）。根据《厦门市绿道和慢行系统总体规划》，厦门市绿地未来将形成"一区一环两带多廊道"的布局结构："一区"即由规划城市建设区外围山体林地构成，包括风景名胜区、风景区、郊野公园、水源保护地、森林公园、农林生产用地等形成的大生态背景林；"一环"即本岛滨海休闲绿环；"两带"即沿福厦铁路、厦漳泉高速公路两侧的市政防护绿带及沿海湾的滨海绿化带；"多廊道"即由五缘湾生态廊道、万石山生态廊道、蔡尖尾山生态廊道、马銮湾生态廊道、杏林湾生态廊道、美人山生态廊道、同安湾生态廊道、下潭尾生态廊道、东坑湾生态廊道、九溪生态廊道等绿色廊道或城市组团之间隔离绿带构成。2020年厦门市新增和改造提升公园绿地80公顷，岛内外涌现出了一批有特色颜值高的公园绿地。

表6-1 厦门市2020年城市绿地统计一览表

行政区	公园绿地										防护绿地
	综合公园		专类公园		社区公园		带状公园		街旁绿地	小计	
	数量（个）	面积（公顷）	数量（个）	面积（公顷）	数量（个）	面积（公顷）	数量（个）	面积（公顷）	面积（公顷）	面积（公顷）	面积（公顷）
思明区	7	208.16	23	929.75	29	35.58	4	84.81	236.17	1494.47	105.91

续表

| 行政区 | 公园绿地 | | | | | | | | | | | 防护绿地 |
| | 综合公园 | | 专类公园 | | 社区公园 | | 带状公园 | | 街旁绿地 | 小计 | | |
	数量（个）	面积（公顷）	数量（个）	面积（公顷）	数量（个）	面积（公顷）	数量（个）	面积（公顷）	面积（公顷）	面积（公顷）		面积（公顷）
湖里区	8	348.07	8	217.82	24	48.69	6	198.44	168.38	981.4		307.36
海沧区	3	926.29	4	91.53	4	29.60	5	512.13	395.07	1954.62		1199.81
集美区	12	418.10	6	24.59	35	58.07	12	227.90	334.96	1063.62		1088.61
同安区	8	610.81	6	463.02	15	53.36	10	277.87	325.56	1730.62		631.18
翔安区	16	494.03	4	14.89	73	108.99	20	420.28	105.14	1143.33		719.12
合计	54	3005.46	51	1741.60	180	334.29	57	1721.43	1565.28	8368.06		4051.99

　　其次，积极打造城市绿色发展空间与慢行交通系统结合的体育休闲空间。2017年建成全国首条、世界最长的空中自行车道，全长约7.6千米；2018年位于厦门市集美区杏林湾岸线的海上自行车道建成通行，全程长20.6千米，是以生态运动为主题的滨水休闲带；2020年1月1日，厦门山海健康步道正式开放，全长约23千米，始于邮轮码头，终于观音山梦幻沙滩，健康步道串联起厦门岛中北部重要生态节点，形成贯穿本岛东西方向的山海步行通廊，沿线串联篔筜湖、狐尾山、仙岳山、园山、薛岭山、虎头山、金山、湖边水库、五缘湾、虎仔山、观音山等岛内的"八山三水"。如表6-2所示，自行车道和健康步道的建成丰富了厦门市体育休闲空间的类型，增加了体育休闲空间的规模；2020

年继续推进南北向健康步道（五缘湾—湖边水库—东坪山）项目建设，以及瑶山溪绿道、集美新城慢行系统等建设，建设环山、环海绿道，为市民提供更多绿色休闲场所。

表6-2　厦门市健康步道和自行车道

建成时间	名称	规模（千米）	区域
2017 年	空中自行车道	7.6	湖里区
2018 年	海上自行车道	20.6	集美区
2020 年	山海健康步道	23	思明区

此外，厦门市还积极推进体育文化休闲空间的建设，截至2020年，据不完全统计，厦门市体育文化休闲空间总量达到88个，涉及文化类场馆、博物馆、演出场所等（表6-3）。2019年1—6月，厦门市图书馆共接待读者507.7万人次（其中，集美新城图书馆接待读者60万人次），同比增长22.60%。集美新城图书馆作为福建省单体面积最大的公共图书馆，不仅拥有大量粉丝读者，也是节假日市民、游客最爱的休闲读书场所。厦门市美术馆、博物馆、文化馆不断创新表现形式，举办大量丰富多彩的文化展示和体验活动，吸引广大市民游客走进"三馆"，参与文化休闲。2019年1—6月，全市博物馆接待参观人数175.5万人次，市属文化馆（美术馆）接待参观人数24万人次。

表6-3　厦门市文化休闲空间一览

体育文化休闲空间类型	数量（家/个）
文化馆	8
剧团	5
公共图书馆	13
博物馆	9
演出场所和机构	12
科技馆	9
美术馆	9
公共体育场馆、健身场地设施	23

资料来源：厦门市统计年鉴、厦门文旅局官网、厦门体育局官网统计数据。

　　同时，厦门市依托良好的基础资源，打造了丰富的休闲旅游产品，截至2021年，厦门市拥有鼓浪屿1处世界文化遗产、1处国家级重点风景名胜区、2座国家级森林公园、1座国家级海洋公园、1处国家级自然保护区、21处国家A级以上景区（表6-4）、7处国家级文物保护单位、1处全国工业旅游示范点。2020年，厦门市重点推动园林植物园、园林博览苑创建国家5A级旅游景区，园林植物园已通过申报创建国家5A级旅游景区景观质量评审；集美区成功创建国家全域旅游示范区，思明区成功创建福建省全域生态旅游示范县（市、区）。同时厦门市还关注城市更新进程中的存量资产优化，推动小微型文化、休闲和旅游项目融入社区和景区。沙坡尾文创园、华美空间文创园、嘉禾粮库、集美大社文创街等文创景点吸引了大量游客，成为旅游投资新空间。

表6-4　厦门市A级旅游景区名录

序号	景区名称	A级
1	鼓浪屿风景名胜区	5A
2	园林植物园	4A
3	园林博览苑	4A
4	胡里山炮台	4A
5	集美鳌园	4A
6	日月谷温泉主题公园	4A
7	天竺山森林公园	4A
8	北辰山旅游景区	4A
9	厦门方特旅游区	4A
10	诚毅科技探索中心	4A
11	厦门老院子景区	4A
12	同安影视城	3A
13	厦门奥林匹克博物馆	3A

序号	景区名称	A级
14	大嶝小镇·台湾免税公园	3A
15	惠和石文化园	3A
16	古龙酱文化园	3A
17	灵玲国际马戏城	3A
18	双龙潭生态运动景区	3A
19	英雄三岛战地观光园	3A
20	厦门绮丽珊瑚文化园	2A
21	凌云玉石博物馆	2A

2.需求优化

一方面，通过产品策略、价格策略和营销策略将潜在休闲旅游需求转变为现实的需求。厦门近年来不断加强对外营销宣传，国际影响持续提升，外国游客市场有较快增长，2020年1—6月，厦门市接待入境过夜游客144.43万人次，同比增长8.18%；其中，接待外国游客72.58万人次，占比50.25%，同比增长14.26%，增速较快，较去年同期增速高出6.79个百分点。同时，通过节庆会展助推旅游业发展，成功举办第九届厦门中秋旅游嘉年华。活动以"中秋博饼"为核心内容，组织开展中秋文旅庙会等15场线上、线下文旅主题营销活动，发起成立全国文旅商贸联合体，开展福建旅游产品采购大会和厦门旅游产品买家"一对一"交流会等采购交易活动，加快推动文旅消费"国内大循环"，提振文旅市场消费信心。

另一方面，面对当前形势，通过消费惠民助力市场复苏。结合"厦门全城欢动消费节"，推出"2020厦门文旅消费季"，通过各平台发放价值总量为3500万元的厦门文旅消费优惠折扣券，全市近2700家文旅企业优质产品借助发放消费券实现全网展示。厦门市民的"本地游"也激发出了新的消费需求，露营成为新时尚。

（二）结构的优化

1.丰富产品结构

游客和居民休闲旅游需求的变化促进了旅游休闲新业态的概念创新和市场导入，厦门市不断完善休闲和旅游产品体系，丰富假日文化和旅游产品供给，不断激发文化和旅游消费活力。文化游、滨海休闲游、邮轮游、研学游、乡村生态游、主题亲子游等产品业态突出。有效推进文旅融合，形成了如沙坡尾文创园、华美空间文创园、嘉禾粮库、集美大社文创街、翔安澳头渔港小镇等文旅新空间。随着几届中国金鸡百花电影节在厦门的成功举办，许多影视拍摄点成为众多粉丝游客"网红"打卡地。当下，休闲露营、滨海休闲、沉浸式夜游成为厦门市民和游客的热门选择。大型实景沉浸式互动体验文旅项目——《厦门喜事》、诚毅科技探索的"时空城堡Mapping秀"、鹏飞梦幻海岸的喜市游园会、方特梦幻王国的烟花秀、胡里山炮台的文保奇妙夜以及曾厝垵文创街、古地石广场音乐等均吸引了大量市民夜游打卡。

2.优化空间结构

厦门市从空间布局入手，拓宽休闲旅游发展空间。一方面，拓宽"上山下海"的空间；另一方面，突出"环岛、环湾、环山"空间布局，挖掘资源，谋求增量。着力打造旅游核心区，构建以世界文化遗产鼓浪屿为吸引核，以本岛城市度假区、海湾新城休闲区、都市近郊游憩区、北部山地生态旅游区为功能区，以本岛东部片区、环东海域新城片区、集美新城片区、马銮湾新城片区、东部体育会展片区、翔安机场片区等为节点的"一核、四区、多节点"全域旅游发展空间格局，实现"山海交融、岛湾一体、中西合璧"。

（三）服务的优化

公共服务是休闲和旅游产业发展的重要支撑。厦门一直致力于加强公共服务建设，提升公共服务品质，实现公共服务全域优化。

1.完善公共服务

一，稳步推进"厕所革命"。以技术创新和管理创新为助力，加快厕所建设、管理服务、科技进步和文明如厕四大提升行动，推动厕所品质提升。2020年实现新改建旅游厕所29座，完成在全市4A国家级以上景区和重要旅游场所建设"第三卫生间"21间；二，提升集散服务中心服务能力。打造"一核五中心多网点、岛内岛外全覆盖"旅游集散服务体系布局，在邮轮码头、中山路、和平码头、胡里山炮台、曾厝垵、观音山，以及机场T3、T4航站楼和同安BRT总站、同安莲花高山服务点等全市游客集中地区和主要交通节点设立10个服务点和2个线上服务平台（"厦门乡村游"和"厦金旅游通"）。2020年累计服务游客总数超过430万人次，发放旅游及交通小贴士5000张，播放厦门城市公益宣传视频35000小时，发放相关宣传单页37000张，游客满意度达99.75%；三，构建"快进慢游"海陆空立体交通网络，推动5A、4A国家级旅游景区与临近中心城市、机场和高铁站等交通枢纽无缝接驳，逐步延伸至其他重点旅游景区互通和跨地市旅游直通车互通，提升国内外游客到厦门的通达性等。

2.创新公共服务

一，应用"互联网+旅游"，推进旅游智慧景区建设，发展移动多媒体、虚拟会展、智慧文创等文化科技融合的新业态，胡里山炮台成为全省首个5G网络覆盖的"5G智慧景区"；二，结合移动互联网、大数据和新型社交应用等"互联网+"技术，优化旅游资源配置，开展"智慧旅游营销"，提升厦门旅游城市形象，吸引更多游客来厦；三，建成旅游大数据中心"厦门旅游应急指挥平台方案暨大数据分析平台"，实现对旅游会展产业发展的科学指导和宏观调控；四，打造全域旅游导览公共服务平台，这是国内首个市级全域旅游智慧导览公共服务平台，也荣获"2018年度最佳城市应用奖"和"2018亚洲旅游'红珊瑚'奖——最佳智慧旅游项目"。

3.加强市场治理

全域各部门联动，建立市场监管联动平台，加强旅游市场综合监管。一，建立健全责任分工机制、情况通报机制、联查联办机制、曝光公示机制、网格监管机制和工作考评机制6项工作机制，促进旅游市场监管工作落实；二，向游客做出"放心游福建"旅游服务承诺，实施旅游投诉"一口受理、分头处置、限期办理、快处先赔"工作机制。扎实有效地推进旅游市场秩序综合整治，厦门市旅游环境持续优化，提升广大游客的获得感和满意度。根据抽样调查数据，2020年1—6月，接待的国内外游客对厦门市综合印象好评率达到74.33%，高于全省平均水平（全省好评率60.47%），其中景区好评率为80.7%；导游、交通等要素的好评率也在75%以上，均高于全省平均水平，位列全省第一。

| 第二节 |

厦门全域旅游"主客共享"
耦合发展的创新机制

一、开展多规合一的顶层设计

厦门市加强规划的统筹引领功能，抓住"城市多规合一"升级的契机，全面推进城市建设，实现"宜居宜游"的城市理想空间。

厦门市于2013年按照"一张蓝图干到底"的总体目标，制定了《美丽厦门战略规划》（以下简称《战略规划》）。2014年作为国家"多规合一"试点城市，以《战略规划》确定的山水空间格局为基准，开展"美丽厦门山水格局规划"专题研究；2015年开展"厦门空间规划体系构建研究""厦门空间规划体系梳理""厦门全域空间规划一张蓝图"等工作；2016年提出构建山、海、城相融的理想空间格局、十大行动计划和共同缔造路径；2017年开始进行城市总体规划改革探索，将已有的"一张蓝图"工作成果纳入城市总体规划成果中，形成覆盖全市域的"一张蓝图"；2018年厦门市分别编制了《厦门市全域旅游专项规划》《"十四五"文化和旅游发展专项规划》《"十四五"文化产业发展规划》，并将其与厦门城市总体规划进行衔接，纳入全市"多规合一"协同平台，为打造全域旅游目的地做好空间规划，并取得了显著成效。

1998年，厦门市就获得中国优秀旅游城市称号；2004年，厦门获得"联合国人居奖"。从2005年荣获第一届全国文明城市，至2020年，厦门已连续六届获评全国文明城市，文明成为厦门最鲜明的精神底色和城市品格。2019年厦门市正式成为"国家生态园林城市"，国家生态园林城市是国家园林城市的"升级版"，更加注重城市生态功能的完善、城市建设管理综合水平的提升、城市为民服务水平的提升。厦门在2020年发布的《全国城市休闲和旅游竞争力报告（2020）》中排第9名，在2020年中国科学院发布的《中国宜居城市研究报告》中厦门宜居指数排全国第8名。

二、打造全域旅游的生态体系

厦门市坚持全域旅游的发展思路，提升旅游资源、产业投资、生态环境、公共服务、基础设施等全方位要素的优化整合，推动休闲和旅游业转型升级，形成主客共享的新生态。

一，厦门市不断拓展"旅游+""+旅游"的深度和广度，积极推进旅游与其他产业融合发展，进一步丰富和完善旅游产品体系，延长旅游产业链和附加值。通过联动挖潜、空间融合、业态互动，着力推动"旅游+会展""旅游+邮轮""旅游+乡村""旅游+工业""旅游+商贸""旅游+文创""旅游+康体"七个"旅游+"，形成全域旅游生态体系。目前，厦门市已出台了《乡村旅游三年行动计划》《邮轮旅游三年行动计划》等文件，实现旅游产业与其他产业共融共赢，形成新的增长极。"旅游+研学"的品牌不断提升，2019年1—

6月，集美区各研学旅行单位接待台湾学生1.3万人次，同比增长18.97%；"旅游＋乡村"助力乡村旅游产品持续火热，2019年1—6月，同安区竹坝风情休闲度假区接待游客5.34万人次，翔安区大帽山境田园综合体接待游客2.5万人次。同安区军营村、古坑村、顶村村以及翔安区面前埔村、大宅村、锄山村等乡村旅游也都取得较好成效。同安区军营村和海沧区青礁院前社荣获福建省首批金牌旅游村。厦门市继续加大"旅游＋体育"融合力度，打造环东海域滨海旅游文化体育产业带，成功举办厦门国际马拉松赛、2019国际排联沙滩排球世界巡回赛、世界网球女子巡回赛、海峡两岸龙舟赛、第七届海峡杯帆船赛、穿越厦门·世界城市定向挑战赛等精彩赛事。通过"旅游＋会展"带旺商务旅游，2019年相继举办第十九届中国厦门国际石材展览会、第十五届海峡旅游博览会、厦门国际佛事用品（春季）展览会、艺术厦门（当代）博览会等展览活动。2019年1—6月，共举办展览活动93场，同比增长6.9%；举办会议5036场，同比增长17.53%；参会人数达到85.65万人次，同比增长10.86%。

二，厦门市按照"全域旅游·跨界融合"的工作思路，建立健全"城旅一体、行业互通"融合发展机制，将旅游发展作为城市发展的硬实力。协调各区域联合发展，破除景点、景区内外的体制壁垒和管理围墙，把一个区域整体作为功能完整的旅游目的地来建设，实行公共服务一体化，旅游监管全覆盖，做到人人是旅游形象，处处是旅游环境。2016年11月，厦门市成立全国首创的"全域推广联盟"，推动旅游业与工业、农业、文化业、体育产业等的跨界融合，助推厦门各行业、各单位的资源整合与合作共赢。按照"全市上下一盘棋"的理念，搭建多方联动协作平台，实现资源有机整合、产业融合发展、社会共建共享共利。

三、构建主客共享的友好城市

打造主客共享的旅游目的地，让居民和游客共享美好生活，是城市发展的最终目标。旅游目的地是生活的总和，除了核心景观外，还应注重城市街区的打造，在城市里营造多元化的休闲旅游消费场景。随着旅游景区和市民休闲空间的边界日渐模糊，那些面向本地居民休闲的公园、游乐场、历史文化街区、购物休闲中心、公共文化设施和夜间消费积聚区，成了吸引游客到访的非传统型景区。游客不断进入目的地居民的生活休闲空间，城乡居民也因交通基础设施和公共服务的完善而广泛进入传统的旅游空间。从城市公园、郊野公园、国家公园、国家文化公园到主题乐园、休闲街区和度假区，越来越多的城市空间、文化场馆和休闲场景开始构建起类型更为多样、谱系更加多元的泛旅游景区体系。如今，人们出行距离缩短，休闲频次提升，消费场景多元化，旅游休闲活动可以在社区花园、城市绿道，或是城市公园、郊野公园、国家公园等一切有风景的开阔、开放空间，抑或是在餐馆、酒吧、咖啡馆、购物中心、菜市场、酒店与民宿等商业环境，以及图书馆、文化馆、博物馆、美术馆、电影院、音乐厅和戏剧场等文化空间。碎片化的旅游休闲需求与分散式在地供给的耦合，为景区创新和目的地建设提供了全新的空间和无限的可能。

厦门市坚持以人民为中心的当代旅游发展理念，从风景到场景，建设主客共享的美好生活新空间。

首先，厦门市推动城市服务主体从游客扩展到居民和游客。近年来，厦门市致力于建设高素质、高颜值的"城市生态公园"，提升市民和游客游览品质，落成了一批公益性景点项目。例如，东坪山片区的改造、发展、提升，使得东坪山整体生态环境与游赏价值得到大幅提升，满足了市民及游客的"吃、住、游、娱"等需求。同时注重挖掘地域文化特质，引导开发特色娱乐休闲项目，丰富中山路等历史文化街区的休闲旅游功能，建设一批能够满足市民日常需求和游客娱乐需求的大众休闲场所及文化娱乐项目，积极拓展旅游消费发展空间，构建主客共享的旅游娱乐休闲产业。

其次，坚持"主客共享"理念，不断优化城市旅游功能，着力构建主客友好型城市格局。一，加强旅游地厕所、集散中心、公共停车场、旅游巴士等旅游公共服务设施的建设；二，打造全域互通的全域旅游智慧导览公共服务平台，通过采集汇聚历史文化、建筑遗迹、街巷乡村、文创研学、健康养生等主题旅游信息，构建景点、美食、住宿、商圈、休闲、交通及公共服务等厦门全域旅游资源数据库，为市民和游客提供全面详细的信息共享平台。打造"宜居宜游、宜主宜客"的全域旅游目的地城市。

最后，加快城市基础设施的旅游全域化建设，从市民、游客的实际需求和便利性出发，开通景区直通车，设立旅游大巴接驳点，在思明区、湖里区、海沧区、同安区、翔安区建立旅游集散中心，形成主客共享的交通网络系统。同时，不断完善旅游标识系统，对道路及景区内部旅游标识系统按照国际化标准进行统一规范和设置，打造主客共享的良好氛围。

四、推进协同发展的区域协作

一方面，创新区域协同联动合作平台，厦门市建立了厦漳泉龙旅游同城化、闽粤赣十三市旅游区域协作、中国南方旅游城市协作体等多层次的区域旅游合作体系，实现常态化的区域旅游工作协调机制，在产品设计、线路策划、宣传推广、基础设施建设、信息服务等方面，建立区域旅游的一条龙服务体系。闽西南五市加强协作，有效扩大闽西南"旅游内需"，强力拉动旅游消费。编制《闽西南协同发展区旅游宣传推广专项规划》，先后在三明市、龙岩市、泉州市、漳州市、厦门市举办"闽西南e家人"系列旅游宣传推广活动，通过央视频、新华社现场云等多个线上平台进行直播宣传，联动闽西南各地企业1596家，推出产品5653款，销售活动现场及线上成交额达1.35亿元。2020年，闽西南协同发展区联合赴西安、南充、重庆三个城市旅游宣传推广活动。策划举办2020厦门自驾旅游节，引客入厦送客闽西南，吸引来自福建、广东、浙江、江西、湖南、江苏、安徽7省30个城市的300多位自驾车友、百部自驾车齐聚厦门，积极助力闽西南旅游产业加快复苏。

另一方面，厦门市还推进东西部文旅对口帮扶工作，签署厦门、临夏两地2020年《文化和旅游合作补充协议》。组织开展"万人游临夏"、2020"走亲戚·游临夏"采风踩线、"走亲戚·游临夏"2020年临夏旅游（厦门）宣传周等活动，帮助宣传临夏旅游资源和旅游品牌，切实带动临夏州吃、住、行、游、购、娱各产业链条的发展提升。

此外，厦门市进一步拓展厦门、金门旅游协作机制。两地建立了旅游部门常态化工作交流机制和营销推广机制，如联合印制《七彩两门·厦门金门旅游手册》。2017年，厦门市推动厦金游艇旅游首发团成行，此举首创全国海峡间游艇旅游的方式，开启厦金两地游艇旅游新篇章。2018年共举办14项主题突出、特色鲜明、横跨两岸的旅游节庆活动，为金门输送游客近10万人，两地联合推介成为常态化。

厦门市着重从顶层设计实现多规合一、全域旅游体系构建、主客共享友好城市打造、区域协作共同发展等方面创新全域旅游目的地建设，实现全域旅游目的地的主客共享。这不仅提升了厦门市城市休闲和旅游的竞争力，也为其他城市提供了示范效应。

第七章

结论

　　全域旅游目的地的主客共享是近年来旅游研究的热点问题之一。关于主客共享的研究起步较晚，尚有较大的发展空间。"主客共享"理念打破了"原住民—外来者"的二元思维，常应用于城市治理与建设领域。随着城市休闲和旅游需求的变化，传统的"当地居民—游客"二元空间边界也逐渐模糊，"主客共享"就是对当地居民和游客之间友好共存关系的新认识，也是两者关系和谐化的体现形式。城市公共休闲空间是居民与游客休闲旅游活动的主要发生地和承载地。发展城市公共休闲空间，不仅能带动当地旅游业，吸引更多外来游客，也是满足当地居民享受生活、放松身心、聚会娱乐等需求的必要措施。实践中，全域旅游目的城市公共休闲空间的供给是否满足了主客双方的休闲和旅游需求并不清楚，因此，探究城市公共休闲空间主客共享的现状和发展演变规律就成为全域旅游目的地发展的关键问题之一，但是，目前关于这两者关系的研究还很少。

　　基于此，本书从供需协调视角出发，以厦门市为例，选取游客旅游需求、居民休闲需求和城市公共休闲空间系统的相关研究指标，引入耦合评价模型及计算方法量化测度游客旅游需求、居民休闲需求和城市公共休闲空间系统的协调耦合关系。在理论探讨的基础上对主客空间的耦合关系进行实证研究，选取厦门市代表性的主客共享空间和游憩场景，对其空间和场景内的主客互动方式、服务体系建构、城市功能拓展等进行分析研究。并根据研究结果提出全域旅游目的地"主客共享"耦合协调的优化路径和创新机制，为促进城市休闲和旅游供给侧结构改革以及全域旅游主客共享发展提供借鉴。

　　本书通过研究主要得出以下结论。

　　1.游客旅游需求、居民休闲需求和城市公共休闲空间系统之间存在明显的耦合协调关系

　　通过研究发现，游客旅游需求、居民休闲需求和城市公共休闲空间系统间

通过内部要素的组织和演化，形成相互作用、彼此影响的耦合交互体，彼此协调发展。本书以旅游供需均衡理论为基础，在总结现有耦合评价模型的基础上，分别构建了游客旅游需求、居民休闲需求和城市公共休闲空间系统耦合评价模型和评价指标体系。其中，游客旅游需求指标包括国内旅游人次、国内旅游收入、入境旅游人次、旅游外汇收入；居民休闲需求指标包括当地常住人口的各项休闲需求；城市公共休闲空间体系由城市公园绿地、城市广场、滨水休闲区、商业休闲区、体育休闲空间、文化休闲空间和旅游景区（点）7个子系统构成。

2.游客旅游需求、居民休闲需求和城市公共休闲空间发展水平持续提升

通过研究发现，游客旅游需求综合评价指数值、居民休闲需求综合评价指数值和城市公共休闲空间发展水平综合评价指数值都增长较快，说明2011～2020年，厦门市人口快速增长，旅游业和城市建设都取得了巨大的成就；2011～2014年，厦门市游客旅游需求和城市公共休闲空间系统表现为需求滞后型，这期间较为完善的城市公共休闲空间极大促进了游客旅游需求的增长；2015年以后，厦门市游客旅游需求和城市公共休闲空间系统转变为供给滞后型，而居民休闲需求和城市公共休闲空间系统一直表现为供给滞后型，主客休闲和旅游需求的共同增长对城市公共休闲空间的建设提出了建设和提升的要求。

3.游客旅游需求、居民休闲需求和城市公共休闲空间系统的耦合度均呈明显上升趋势

通过研究发现，游客旅游需求、居民休闲需求和城市公共休闲空间系统的耦合度C值分别处于0.9～1.0和0.6～1.0，说明厦门市游客旅游需求与城市公共休闲空间两个系统处于高度耦合状态，表明两系统之间相互作用力较强，说明这两个系统的耦合作用能够有效地促进厦门市旅游业的快速发展。而居民休闲需求与城市公共休闲空间两个系统的耦合度从2011年初级耦合阶段，快速上升至2018年的良好耦合阶段，到2020年达到完全耦合，表明2018年以后两

系统之间相互作用力较强，说明厦门城市公共休闲空间能够有效满足当地人口增长带来的居民休闲需求。

4.游客旅游需求、居民休闲需求和城市公共休闲空间系统耦合协调度增长稳定，均处于高级发展水平

厦门游客旅游需求与城市公共休闲空间系统的耦合协调度从2011年的0.6021增长到2019年的0.9496，说明厦门市游客旅游需求与城市公共休闲空间的耦合协调度呈现了较快的增长，耦合协调等级经历了初级协调—中级协调—良好协调—优质协调4个阶段。厦门市居民休闲需求与城市公共休闲空间系统的耦合协调度从2011年的0.7351增长到2020年的1，说明厦门居民休闲需求与城市公共休闲空间的耦合协调度保持了较为稳定的增加，耦合协调等级经历了中级协调—良好协调—优质协调3个阶段。游客旅游需求、居民休闲需求和城市公共休闲空间系统的耦合发展态势都十分喜人。

5.游客旅游需求、居民休闲需求和城市公共休闲空间子系统耦合协调的结构特征明显

2011～2020年，厦门游客旅游需求与城市公共休闲空间子系统的耦合协调水平都从初级协调的水平提升到优质协调的高级水平。其中旅游景区（点）的耦合协调度一直处于领先地位，体育休闲空间的耦合协调度最低，刚刚达到初级协调水平。厦门居民休闲需求与城市公共休闲空间子系统的耦合协调水平基本处在优质协调的高级水平，只有体育休闲空间的耦合协调度低，说明厦门城市公共休闲空间子系统中的体育休闲空间建设起步较晚，但发展较快。通过对比分析可以看到，虽然游客旅游需求、居民休闲需求与城市公共休闲空间各子系统耦合协调强度存在差异，但各系统间的差异较小，只有体育休闲空间的耦合协调度较低，说明各子系统之间的耦合互动和协同作用，不仅使游客旅游需求、居民休闲需求和城市公共休闲空间各子系统的和谐性得以提升，也使旅游目的地整个系统的和谐性提高。

6.实证研究表明厦门主客共享建设初见成效

通过上述5个方面的综合分析可以得出，厦门游客旅游需求、居民休闲需求与城市公共休闲空间供给系统之间都达到了较高的协调发展水平，说明厦门的主客共享建设初见成效，已经形成主客共享的新空间。

7.全域旅游"主客共享"耦合发展的优化路径和创新机制

经过前文研究，本书提出全域旅游目的地主客休闲和旅游需求与城市公共休闲空间耦合协调的3个优化路径：数量优化、结构优化和服务优化；提出实现全域旅游"主客共享"耦合发展的4个创新机制：开展多规合一的顶层设计，打造全域旅游的生态体系，构建主客共享的友好城市，推进协同发展的区域协作。

参考文献

[1] 刘德谦,石美玉.中国城市休闲和旅游竞争力报告(2020)[M].北京:社会科学文献出版社,2020.

[2] 曲玉镜,张慧.以"主客共享"理念构建辽宁智慧旅游体系[J].产业与科技论坛,2014,13(16):28-30.

[3] 李庆雷,杨培韬.主客共享:景区规划与管理新理念[N].中国旅游报,2015-11-30(014).

[4] 田里,张鹏杨.旅游产业融合的文献综述与研究框架构建[J].技术经济与管理研究,2016(9):119-123.

[5] 张栋.文化旅游供给侧正在发生深刻变革[N].中国青年报,2017-10-27.

[6] 戴学峰,廖斌.全域旅游理论与实践[M].北京:中国旅游出版社,2021.

[7] 厉新建,张凌云,崔莉.全域旅游:建设世界一流旅游目的地的理念创新——以北京为例[J].人文地理,2013,28(3):130-134.

[8] 吴必虎,李凤.如何发展全域旅游[N].中国旅游报,2015-12-28.

[9] 焦彦,徐虹.全域旅游:旅游行业创新的基准思维[J].旅游学刊,2016(12):11-13.

[10] 王庆生,张行发.全域旅游开发的若干思考[J].城市,2017(7):56-61.

[11] 杨振之.全域旅游的内涵及其发展阶段[J].旅游学刊,2016,31(12):1-3.

[12] 戴学锋.全域旅游:实现旅游引领全面深化改革的重要手段[J].旅游学刊,2016(9):20-22.

[13] 苏剑.关于全域旅游的理论认知[J].旅游纵览(下半月),2017(8):15-17.

[14] 蒙欣欣.解析全域旅游发展模式[J].旅游纵览(下半月),2016(8):12-13.

[15] 梁学成.全域旅游发展与旅游幸福感的增强逻辑[J].社会科学家,2017(12):

90–94.

[16] 张辉,岳燕祥.全域旅游的理性思考 [J].旅游学刊,2016(9):15–17.

[17] 丰晓旭,夏杰长.中国全域旅游发展水平评价及其空间特征 [J].经济地理,2018,38(4):183–192.

[18] 王晨光.基于"域"变的全域旅游发展研究 [J].中国经贸导刊(中),2019(5):108–109.

[19] 王佳果,韦俊峰,吴忠军.全域旅游:概念的发展与理性反思 [J].旅游导刊,2018,2(3):66–80.

[20] 郭毓洁,陈怡宁.全域旅游的旅游空间经济视角 [J].旅游学刊,2016,31(9):28–29.

[21] 王磊磊."主客共享"视域下的文旅融合发展——以山东省青岛市为例 [J].四川旅游学院学报,2020(1):39–43.

[22] J oh A.Price. Sharing:The Integration of Intimate Economies [J]. Anthropologica, New Series,1975,17(1):3–27.

[23] Russell Belk. Why Not Share Rather than Own[J]. Annals of the American Academy of Political and Social Science,2007,611:126–140.

[24] Yochai Benkler. Sharing Nicely:On Shareable Goods and the Emergence of Sharing as a Modality of Economic Production[J]. The Yale Law Journal,2004,114:273–358.

[25] Sinning H. Heidi Sinning—Affordable Housing and Sharing Cities–Future Challenges for Spatial Development and Planning in Europe?[J]. disP–The Planning Review, 2017, 53(2):88–89.

[26] 朱洪宝,孟海星.国外共享城市理论与实践研究分析及启示 [J].城市发展研究,2020,27(4):90–96,103.

[27] 吴文清.城市公园开放空间与游憩行为关系研究 [D].合肥:安徽农业大学,2020.

[28] 宋瑞. 从混同到渗透、结合:现代社会的休闲与旅游 [J]. 旅游学刊,2006(9):6–7.

[29] 吴必虎,董莉娜,唐子颖. 公共游憩空间分类与属性研究 [J]. 中国园林,2003(5):3.

[30] 周进. 城市公共空间建设的规划控制与引导:塑造高品质公共空间的研究 [M]. 北京:中国建筑工业出版社,2005.

[31] 林章林. 城市旅游休闲公共空间组织及其管治研究——以上海为例 [D]. 上海:华东师范大学,2016.

[32] 杨保军. 城市公共空间的失落与新生 [J]. 城市规划学刊,2006(6):9–15.

[33] 肖剑. 城市休闲空间小议 [J]. 山西建筑,2004(13):18–19.

[34] 刘正坤. "空间异化" 视角下城市公共休闲空间的再建构——以泉州、厦门为例 [D]. 泉州:华侨大学,2017.

[35] 赵仙鹤. 武汉市公共游憩空间格局及游憩者行为研究 [D]. 武汉:华中师范大学,2013.

[36] 马惠娣. 西方城市游憩空间规划与设计探析 [J]. 齐鲁学刊,2005(6):147–153.

[37] 宗彦. 城市公共休闲空间的建设初探 [J]. 艺术科技,2014,27(1):286.

[38] 任波. 谈城市公共休闲空间的构建 [J]. 山西建筑,2016,42(15):17–18.

[39] 范小金. 浅谈城市室外大众休闲空间及特性 [J]. 福建师大福清分校学报,2004(4):90–92.

[40] 俞晟. 城市游憩绿地建设研究 [J]. 现代城市研究,2002(2):4–7.

[41] 高聪颖. 宁波市城市公共休闲空间使用状况评价研究 [J]. 改革与开放,2018(3):100–102.

[42] 张海霞,唐金辉. 居民公共休闲空间公平感和幸福感认知的影响因素——以杭州市为例 [J]. 城市问题,2019(5):95–103.

[43] 李海建. 基于 IPA 方法的城市公共休闲空间居民满意度评价——以徐州市

为例 [J]. 资源开发与市场, 2020, 36(10): 1067–1073.

[44] 李瑶. 城市休闲空间环境设计 [J]. 中国民族博览, 2021(3): 160–162.

[45] 白荞祯. 我国城市基本公共休闲服务供给研究 [D]. 开封: 河南大学, 2015.

[46] 徐冬, 黄震方, 吕龙, 等. 基于 POI 挖掘的城市休闲旅游空间特征研究
——以南京为例 [J]. 地理与地理信息科学, 2018, 34(1): 59–64, 70, 3.

[47] 余玲, 刘家明, 李涛, 等. 中国城市公共游憩空间研究进展 [J]. 地理学报,
2018(10): 1923–1941.

[48] 朱莉蓉, 胡安明.《城市公共休闲空间分类与要求》读解 [J]. 大众标准化,
2014(11): 8–11.

[49] 袁继芳, 陈建国. 城市体育休闲公共空间概念、特征及类型研究 [J]. 吉林体
育学院学报, 2021, 37(3): 21–27.

[50] Emile Durkheim. The Elementary Forms of the Religious Life [M]. New York:
Free Press, 1995.

[51] 刘晶晶, 王苑, 阮霄. 叠加与激活——主客共享视角下公共休闲空间的规划
引导 [J]. 建筑技艺, 2021, 27(4): 14–17.

[52] 陈业玮, 龚水燕. 离去还是留下: 旅游目的地主客共享的研究综述 [J]. 商情,
2020(4): 111–112.

[53] 朱振华, 刘国恩, 赖振宇, 等. 主客共享视角下辽宁省乡村旅游地分布特征
及影响因素 [J]. 经济地理, 2023, 43(1): 217–226.

[54] 李纳. 基于"主客共享"视域下克拉玛依市文旅融合发展路径探究 [J]. 旅游
纵览, 2021(1): 88–90.

[55] 李罗娜."主客共享"理念下台州张思村田园综合体价值评价与规划研究
[D]. 重庆: 重庆大学, 2020.

[56] 詹雪. 主客共享理念下浙江省天台县张思村公共空间更新策略研究 [D]. 重
庆: 重庆大学, 2020.

[57] 黄芸璟, 彭震宇. 基于城市闲置空间的智慧共享研究——以重庆市住宅空

间为例 [J]. 国土资源信息化,2021(4):22–27,21.

[58] 王九位. 数字时代旅游目的地信息共享研究 [D]. 武汉:武汉大学,2010.

[59] Vefie L. The Penguin Directionary of Physics[M]. Beijing:Foreign Language Press,1996.

[60] Clare A.Gunn.Tourism Planning——Basics, Concepts, Cases[M].New York:Rout Ledge,2002.

[61] 王兆峰,李晓静. 近 20 年来张家界入境旅游流与居民收入增长的考察 [J]. 经济地理,2011,31(12):6.

[62] 董亚娟,马耀峰,李振亭,等. 西安入境旅游流与城市旅游环境耦合协调关系研究 [J]. 地域研究与开发,2013,32(1):98–101.

[63] 吴倩倩,殷杰,郑向敏. 海岛旅游流与旅游要素保障类公共服务耦合研究——以福建省平潭岛为例 [J]. 资源开发与市场,2017,33(7):873–876,881.

[64] 张琰飞,朱海英. 西南地区文化演艺与旅游流耦合协调度实证研究 [J]. 经济地理,2014,34(7):182–187.

[65] 廖重斌. 环境与经济协调发展的定量评判及其分类体系——以珠江三角洲城市群为例 [J]. 热带地温,1999(2):7.

[66] 马聪玲. 从世界主要城市公园看城市公共休闲空间的形成与演变 [J]. 城市,2015(3):53–56.

[67] Robin Nunkooa. Toward a More Comprehensive Use of Social Exchange Theory to Study Residents' Attitudes to Tourism[J]. Procedia Economics and Finance,2016:588–596.

[68] Zakharchenko P, Kostenko G, Zhvanenko S, et al. Sustainable development of environment in the tourism destination areas:tourists' perception of the issue[C]//IOP Conference Series:Earth and Environmental Science. IOP Publishing, 2021, 628(1):012024.

[69] 李竹,刘晶晶,王嘉峻.乡村振兴下的村落公共空间重塑——以李巷老建筑改造为例 [J].建筑学报,2018(12):10-19.

[70] 李阳.主客共享 美好生活——文化和旅游公共服务融合发展的实践、经验与展望 [J].图书馆论坛,2021,41(10):8-13.

[71] 李力,苏俊仪.共享住宿:主客关系的变化与影响 [J].旅游论坛,2019,12(3):15-21.

[72] 王建芹.主客互动对游客公民行为的影响研究 [D].武汉:中南财经政法大学,2020.

[73] 罗雯婷,谢双玉,李亚娟,等.旅游者对民宿中主客互动方式重要性的感知差异研究 [J].华中师范大学学报(自然科学版),2020,54(6):1004-1014.

[74]《国民旅游休闲纲要(2013—2020)》摘要 [J].时事资料手册,2013(2):76.

[75] 赵广英,宋聚生.靶向调查:深圳市公共空间规划的调查方法改进探索 [J].当代建筑,2021(8):131-135.

[76] 夏志强,付亚南.公共服务的"基本问题"论争 [J].社会科学研究,2021(6):19-29.

[77] 徐霞.公共服务的理论演变及其价值 [J].重庆文理学院学报(社会科学版),2010,29(1):83-86.

[78] 张序.与"公共服务"相关概念的辨析 [J].管理学刊,2010,23(2):57-61.

[79] 王毓.政府公共服务改革:构建社会主义和谐社会的迫切要求 [J].当代经理人,2006(7):221-222.

[80] 周韵,董淑敏.中小城市"集建区"的公共服务设施配建 [J].城乡建设,2021(18):38-42.

[81] 向春玲,吴闫,张雪,等.探索公共服务高质量发展的新路径 [N].学习时报2021-12-10.

[82] 余文涛,翁明芳.创意驱动城市经济增长与转型:基于国外前沿研究的综述 [J].北京化工大学学报(社会科学版),2020(1):42-48.

[83] 温带宝.服务创意的探索与实践——以高校音乐图书馆为例[J].图书馆论坛,2012,32(1):130-133.

[84] 刘艳红,袁俊.马斯洛需求理论视角下的海底捞服务创意研究[J].价值工程,2016,35(28):42-44.

[85] 谢可可.中国创意服务国际竞争力及影响因素研究[J].价值工程,2021,40(33):50-52.

[86] 邹欣怡.沈阳城市公园游憩者满意度及其影响因素研究[D].沈阳:沈阳农业大学,2020.

[87] 吴必虎.大城市环城游憩带(ReBAM)研究——以上海市为例[J].地理科学,2001,21(4):354-359.

[88] 任斌斌,李延明,卜燕华,等.北京冬季开放性公园使用者游憩行为研究[J].中国园林,2012,28(4):58-61.

[89] 王蓓.城市公园的功能变换与空间生产——基于积极老龄化的理论视角[J].天水行政学院学报,2021,22(4):30-35.

[90] 毛小岗,宋金平,冯徽徽,等.基于结构方程模型的城市公园居民游憩满意度[J].地理研究,2013,32(1):166-178.

[91] 周玮,黄震方,殷红卫,等.城市公园免费开放对游客感知价值维度的影响及效应分析——以南京中山陵为例[J].地理研究,2012,31(5):873-884.

[92] 肖星,杜坤.城市公园游憩者满意度研究——以广州为例[J].人文地理,2011,26(1):129-133.

[93] 李方正,宗鹏歌.基于多源大数据的城市公园游憩使用和规划应对研究进展[J].风景园林,2021,28(1):10-16.

[94] 王雅云.城市公园居民游憩满意度及其影响因素分析[J].安徽建筑大学学报,2021,29(3):120-126.

[95] 臧亭.上海市城市公园游憩设施分类研究[J].中国城市林业,2017,15(4):51-55.

[96] 郑泽华. 公园游憩的时空分异研究——以厦门市公园为例 [J]. 城乡建设, 2017(15)：37-40.

[97] Fontán-Vela M, Rivera-Navarro J, Gullón P, et al. Active use and perceptions of parks as urban assets for physical activity：A mixed-methods study[J]. Health & place, 2021, 71：102660.

[98] 张省,周燕,杨倩. 城市综合公园居民游憩满意度影响因素分析——以深圳市综合公园为例 [J]. 风景园林,2021,28(3)：82-87.

[99] Chatterton P, Hollands R. Theorising urban playscapes：producing, regulating and consuming youthful nightlife city spaces[J]. Urban studies, 2002, 39(1)：95-116.

[100] 林碧桃,宋红娟. 基于政府视角的三亚市夜间旅游服务优化研究 [J]. 特区经济,2021(1)：102-104.

[101] 文彤. 城市夜间旅游产品研究 [J]. 城市问题,2007(8)：42-45.

[102] 谢颖. 厦门市夜间旅游产品研究 [J]. 农村经济与科技,2020,31(22)：170-171.

[103] 岳超,荆延德. 中国夜间旅游研究综述 [J]. 旅游论坛,2013,6(4)：71-76.

[104] 粟维斌,粟琳婷,张海琳. 浅谈加快发展桂林夜间旅游的问题与对策 [J]. 现代商业,2019(17)：62-64.

[105] 于萍. 夜间旅游与夜经济:城市发展的新动力 [J]. 改革与战略,2010,26(10)：32-33,128.

[106] 高远. 文旅融合背景下镇江夜间旅游发展研究 [J]. 黑龙江生态工程职业学院学报,2021,34(2)：28-30.

[107] 刘文萍,刘丽梅. 我国夜间旅游发展的问题和对策分析 [J]. 内蒙古财经大学学报,2020,18(2)：119-122.

[108] 胡宇橙,李跃. 天津市夜间旅游发展的问题及对策 [J]. 环渤海经济瞭望,2021(1)：16-18.

[109] 邵晓睿."西安模式"对促进洛阳夜间经济高质量发展的启示 [J]. 产业与科技论坛,2021,20(10):24–25.

[110] 顾至欣. 城市夜间旅游产品定义及分类 [J]. 城市问题,2013(11):98–102.

[111] 李爽,甘巧林,刘望保. 旅游公共服务体系:一个理论框架的构建 [J]. 北京第二外国语学院学报,2010,32(5):8–15,30.

[112] 何建民. 我国旅游公共服务体系的构建及优化研究——基于新加坡与中国香港经验及上海案例分析 [J]. 旅游导刊,2017,1(1):21.

[113] 吴丹妮. 全域旅游视角下加强乐山旅游公共服务设施建设的路径分析 [J]. 中共乐山市委党校学报,2021,23(4):76–78,97.

[114] Bin Wen,Zhaoping Yang. Research on Systematic thinking of the construction of urban tourism public service system：a case of Urumqi[P].International Conference on Education Technology and Information System,2013:40–44.

[115] Tong H, Li S, Chen X, et al. The Countermeasures of Intelligent Development of China's Tourism Public Service under the Context of " the Belt and Road"[C]//2018 International Seminar on Education Research and Social Science (ISERSS 2018). Atlantis Press,2018:460–464.

[116] 余得光. 旅游公共服务视域下的城市夜间旅游发展研究 [J]. 2020 中国旅游科学年会论文集 旅游业高质量发展,2020.

[117] Gao X. Construction of Wisdom Tourism and Tourism Public Service System[C]//2017 International Conference on Innovations in Economic Management and Social Science (IEMSS 2017). Atlantis Press,2017:1564–1569.

[118] 崔琰,刘冬. 西安市夜间旅游公共服务体系构建与质量评价 [J]. 安徽师范大学学报(自然科学版),2021,44(4):370–376.

[119] 吴文智,唐培,何建民. 旅游公共服务质量对游客目的地忠诚的影响机制——来自城市目的地上海的经验证据 [J]. 华东经济管理,2021,35(4):118–128.

[120] 刘辉,由亚男.自驾车旅游:国内研究进展与述评 [J].乌鲁木齐职业大学学报,2021,30(4):37–41,58.

[121] 陆军.广西自驾车旅游营地发展研究 [J].旅游学刊,2007,22(3):35–39.

[122] 张晓燕.我国自驾车旅游及其发展研究 [D].济南:山东师范大学,2006.

[123] 邹永广,谢朝武.基于技术嵌入的乡村旅游服务体系研究 [J].企业活力,2011(4):27–32.

[124] 张广瑞.城市旅游公共服务设施体系的完善与北京的对策 [C] // 北京旅游发展研究基地.北京旅游发展报告 2008.北京:旅游教育出版社,2008:352–366.

[125] 汪洁.景德镇发展汽车露营旅游服务体系之思考 [J].中国商贸,2011(33):153–154.

[126] 何静.基于自驾游的河南旅游服务体系构建 [J].赤峰学院学报(自然科学版),2017,33(3):113–116.

[127] 代昆豪,金志扬,杨培.基于层次分析法的自驾游服务体系研究 [J].物流科技,2017,40(4):67–70,81.

[128] 李伟,王凯.我国自驾旅游目的地体系建设与提升路径——基于全域旅游视角 [J].资源开发与市场,2020,36(7):793–800.

[129] Roehl W S, Fesenmaier J, Fesenmaier D R. Highway accessibility and regional tourist expenditures[J]. Journal of Travel Research,1993,31(3):58–63.

[130] Shih H Y. Network characteristics of drive tourism destinations:An application of network analysis in tourism[J]. Tourism Management,2006,27(5):1029–1039.

[131] Hallo J C, Manning R E. Transportation and recreation:A case study of visitors driving for pleasure at Acadia National Park[J]. Journal of Transport Geography,2009,17(6):491–499.

后 记

旅游即城市

无论景点景区

还是城市的大街小巷

处处都散发着这个城市的

文化特质、风土人情

游客脚步慢下来

市民生活美起来

这才是一个主客共享的

全域旅游城市

本书是2019年福建省社会科学研究基地重大项目"全域旅游目的地城市主客共享的耦合研究——以厦门为例"（项目编号：FJ2019JDZ049）的研究成果。本书由卢雪英博士、屈云茜博士合著。卢雪英博士负责全书的结构体系设计，并对全书进行修改和定稿，屈云茜博士负责第四章的数据分析工作并参与架构设计讨论。本书的调研和资料收集得到了多位老师和同学们的大力协助，在此要感谢陈舒平、刘婷婷、张炎龙老师，以及杜江夏、白玉珍、甘雯婷、高丽娟等同学的参与。

本书在写作过程中还得到相关部门及诸多人士的大力支持，未能一一列举，在此一并鸣谢！

卢雪英

2023 年 3 月于厦门